本书为"北京市教育科学'十三五'规划 2018 年度重点课题——小学数学'问题引领学习'的教学实践研究（CADA18066）"研究成果

问题引领数学学习丛书 | 张 丹 主编

数学提问力：
促进儿童提问的活动设计

孙佳威　张　晶　主编

教育科学出版社
·北京·

目录

第一章

提出你的问题

第二章

丰富提问的思路

第三章

一直想下去

问题引领
让学习真实发生

问题引领学习是本丛书的核心主题，也是张丹老师带领着京内外数十所实验校的老师们，通过近十年的深入理论探索与扎实教学研究，逐渐生长起来的数学教育主张和实践路径。

对学生问题意识的关注，在我国由来已久。《学记》中说："善问者如攻坚木，先其易者，后其节目；及其久也，相说以解。不善问者反此。善待问者如撞钟，叩之以小者则小鸣，叩之以大者则大鸣，待其从容，然后尽其声。不善答问者反此。此皆进学之道也。"这说明善问对于人才成长的重要性。

但是，在我国教育现实中，由于应试教育的干扰，只注重知识的灌输，忽视了学生在学习过程中提问的主观能动性，不利于创新性思维的培养。从 2001 年《基础教育课程改革纲要（试行）》颁布开始，我国便开始了新一轮的课程改革，试图将学生更好地从应试教育中解放出来。但课堂的实际表现却不是很理想，许多教师仍以"教"主导着课堂，很少关注学生发现和提出问题能力的培养。

当今世界，国际形势风云变幻，人类面临百年未有之大变局，国际竞争日益激烈。国际竞争说到底是人才的竞争。我们只有培养创新人才，建设创新强国，才能立于不败之地。基础教育是为培养创新人才打基础的。教育家吕型伟曾经说过，要培养学生提出问题、分析问题、解决问题的能力。2019年，中共中央、国务院印发的《关于深化教育教学改革全面提高义务教育质量的意见》中也明确指出，要"优化教学方式"，"引导学生主动思考、积极提问、自主探究"。这就需要改进教学方法，从关注教师的"教"转变为关注学生的"学"。让教师不再是知识的灌输者，而是学生学习知识的引路人。这就要树立学生是主体的观念，充分相信学生的能力，让学生自己去发现问题，提出问题，解决问题。过去我们也经常提倡启发式的教学，老师提出问题让学生回答，但这些问题是老师提出来的，并不等于学生自己提出来的。要让学生自己去思考、探索，提出问题，这样才能更好地促进学生思维的发展。

"问题引领学习"的教育主张和实践，便是基于学生真实问题开展的学习，在这样的学习中，既将学生发现和提出问题、分析和解决问题作为学习目标，又将发现和提出问题、分析和解决问题作为学习的途径。问题在引领学生学习的同时，也引领了教师的发展。

本丛书提出了一些观点。

儿童发现、提出问题，是学生内在潜能和发展的需要。儿童天生都有好奇心，接触到外部事物总会感到很新鲜，这种好奇心会驱动他们去发现和提出问题。教师不但要学会观察，抓住这样的学习契机，更要相信学生发现、提出问题的潜能，信任是巨大的教育力量。

培养儿童发现、提出问题的能力，课堂是主渠道。本丛书紧紧围绕课堂这一培养儿童发现、提出问题的最好场所展开实践与探索，提出构建"情境体验—问题产生—问题解决—反思总结"四个模块循环结构的课堂基本模型。

培养儿童发现、提出问题的能力，需要教师角色的重塑。当前，教育的最重要的变化是要从关注教师的"教"转变为关注学生的"学"。而这样的转变并非忽视了教师的作用，而是希望重塑教师的角色，最终实现教师与学生的同步成长与发展。

本丛书是经过近十年的研究与实践，京内外多所实验学校的实验总结，既有理论，又有实践。课题组的老师们始终坚守"儿童真实问题"这一核心，从课堂中来，到课堂中去，重塑了课堂样态，丰富了学习方式，形成了丰富的、可迁移的、可复制的实践路径和教学策略，构建了本丛书的核心内容。本丛书有着重要的现实意义。

（作者系北京师范大学资深教授，国家教育咨询委员会委员，中国教育学会名誉会长。）

问题引领学习：
有意义的研究与实践

　　张丹老师在十年前就组织了一个强有力的团队——团队成员既有教研员，也有一线教师，既有北京的，也有其他地区的，大家共同研究小学数学"问题引领学习"的意义，探索并实践"问题引领学习"的教学形式。我曾多次参加他们组织的活动，对他们的这项研究深表认同。儿童有天然的好奇心，会自发地提出问题，因此，鼓励儿童提问，尊重他们提出的问题，尝试依据他们提出的合理的问题展开教学，是一种顺应儿童天性的教学方法，符合以人为本的教育埋念。

　　无论是 2011 年版还是现在正在修订的义务教育数学课程标准，都强调要让学生通过义务教育阶段的数学学习，增强发现和提出问题的能力、分析和解决问题的能力。这便是所谓的"四能"。而"问题引领学习"就是有意识地将学生"发现和提出问题"作为课程目标的教学形式。在中小学数学的教学过程中，分析和解决问题涉及的问题是已知的，发现和提出问题涉及的问题是未知的，因此，就培养学生的思维能力和创新意识而言，发现和提出问题要比分析和解决问题更重要，当然，以此为目标也提高了教学的难度。

　　对中小学生而言，发现问题主要是指发现在课堂上未曾学过的事情，通常包括事物的性质、关系和规律。在这样的学习活动中，学生不仅能够知道一些新的东西，更重要的是能够拓展观察问题的视野，积累判断事物的经验。不言而喻，若能长期坚持这样开展教学，对学生而言是宝贵的，学生可以在教师的引导下领悟更多东西，逐渐形成独立思维的意识和合理思维的能力。特别是，如果学生能够在这样的学习活动中经历成功的喜悦，那还可以提升学习的兴趣和创造的激情。

在发现问题的基础上提出问题，还需要基于抽象的概括，甚至还需要基于推理的判断。前者，能够在错综复杂的事务中抓住问题的核心，进行条分缕析的陈述；后者，能够提出解决问题的建议，甚至预测问题的结论。能够提出合理的问题，绝不是一件简单事情。[①]进一步，鼓励学生经历从现实世界中发现问题、提出问题，进而分析问题、解决问题的全过程，就是培养学生会用数学的眼光观察现实世界，会用数学的思维思考现实世界，会用数学的语言表达现实世界。这样的教学活动，无疑是对数学核心素养教学的有益尝试。无论如何，如果一个学生能够提出有意义的问题，就充分说明这个学生已经会想问题了。

众所周知，我们传统的课堂教学给学生发现问题和提出问题的机会很少，大多数情况是学生回答教师提出的问题。即便是启发学生提出问题，这些问题也常常是教师教学的一种补充，如果学生提出的问题与教师的教学"预设"相左，就往往会被忽视；甚至有些教师会认为，放任学生提问题会干扰正常的教学活动。因此，在形式上，教师没有真正重视学生提问题的教学过程；在本质上，教师没有真正尊重学生提出的问题。事实上，如果希望学生具有发现和提出问题的能力，那么对所有学生而言，都必然要经历一个从不会提问题到会提问题的过程，如果在初始阶段学生提出的问题就得不到教师的重视和尊重，不仅会使教学流于形

---

① 参见：孔凡哲，史宁中. 中国学生发展数学核心素养概论：理想的学校数学教育能给学生带来什么[M]. 上海：华东师范大学出版社，2021.

式、限制学生的思考力，时间久了还可能减弱学生发现和提出问题的兴趣与意识。

张丹老师团队的这项研究，历经近十年的时间，在认真分析传统数学课堂问题的基础上，提出并探索解决问题的途径，从理论到实践全方位回应了"问题如何引领数学学习"这个最为核心的问题，提供了培养学生创新意识、发展学生数学核心素养教学研究的范例。

在这个课题研究的过程中，我和张丹老师有过多次讨论。比如"问题的概念怎么界定"，"如何用问题引领学生思考"，等等，除此之外，团队的老师们也在实践中探索着"怎样鼓励儿童提出问题"，"如何激发学生深度思考"。团队的老师们很有智慧，他们思考、提炼并形成了很多切实有效的办法，包括如何营造良好的提问氛围，如何设计吸引学生提问的学习活动。就像丛书所述，在老师创设的有趣情境中，学生提出的问题丰富多彩；在老师富有智慧的启发下，学生提出的问题由浅入深；在提问的过程中，学生的想象力自由翱翔，精彩的问题自然而然地"冒"出来。随着年龄的增长，学生的思考能力与他们提出问题的质量同时增长，就像书中提及的一位学生的感悟："学习就是你带着很多很多的问题，尝试去解决它们，接着又产生了很多很多新的问题，然后再去解决，如此反复的过程！"

综上所述，十年磨一剑，张丹老师的团队取得了丰硕的成果，既记载了精彩的教学案例，又有对"问题引领学习"的理论研究。更加难能可贵的是，团队还通过微信公众号等方式辐射研究成果，使得这项课题在北京市内外40多所实验校落地生根，惠及上万名学生。还需要特别指出的是，这样的课堂实践活动也引发了教师们教育理念的变化，从关注教师如何教转向为关注学生如何学，这就回归到教育本原，体现了对立德树人根本任务的落实；同时，这样的实践研究也有利于团队成员提升教学研究能力，在每一个课例的设计中，在每一次教学实施中，教师与学生共同成长。

　　希望更多的教育同人能够关心"问题引领学习"，研究培养学生创新意识和实践能力的教学模式，探索促使学生形成和发展数学核心素养的教学路径。希望这部丛书能对这样的研究和探索提供一些经验与启迪。

史宁中

　　（作者系东北师范大学原校长，2011 版、2021 版义务教育数学课程标准及 2017 版普通高中数学课程标准研制组组长。）

从上讲台说起

丛书
序三

我认识的数学教育研究界前辈，几乎都是中小学数学教师出身，他们个个是教学的行家里手，普遍是在积累了丰富的中小学数学教学经验之后，作为数学教学领域的佼佼者，踏上数学教育专业研究的舞台。所以那一代数学教育人的研究工作，都有浓浓的"教室味儿"，无论探讨什么，都很具体，都讲究接地气。

我们这一代，多是从校门直接迈入这个领域的。就像我，虽然当了快一辈子老师，却从未登上过中小学数学教学的讲台，哪怕是给中小学生讲一节课。因此，讲起数学教育的道理来振振有词也罢，写起文章来行云流水也好，一旦谈到中小学的数学教学问题，言必称"我没做过中小学老师，我说的道理即使再对，也只能做参考"，因为这是我的短板，所以一点都不敢托大。每当看到和我背景差不多的同行敢于对课堂教学"铁口直断"时，心里就会有几分担心，因为我们这一代的经验多是从自己的中小学老师那里来的，可现在都什么时代了！

本来是写序，怎么扯这么远呢？

这是因为，本丛书的主编张丹老师与我们这些人比起来，可说是个"另类"。她也是从大学校门直接迈入教学研究和教师教育这个行当，一下子就当了老师的老师的。但她从一开始就特别重视真实的课堂教学实践，曾只身到北京海淀后山位于城乡接合部的小学，站上讲台"真刀真枪"地做了一回数学老师，而且一站就是一个学期。虽然时间不算长，但她尝到了教学这个"梨子"的真滋味，补齐了缺少实际教学经验的短板，知道了什么是与教学有关的话语权，走上了数学教育研究者"文武兼备"的道路。

这一点，对她后来的工作，无论是教师教育、教材编写，还是担纲北京市小学数学教研的领头人，应该都大有裨益。就我看到的，她在工作中注重从真实的教学出发考虑教学的研究问题，能以"平视"的目光看待教师的教学表现，总是带着一群一线教师一起搞教学研究，喜欢泡在教室里、工作在学生中。这些特点，我觉得都有那段上讲台经历的影子。

这对她的教研工作会有什么影响？

实事求是，对此我只能打个比方。如果面对一个同样的教研问题，就说"问题引领学习"吧，我的研究路径一定是这样的：先看看课程标准是怎么说的，再看看教材是怎么写的，再观察观察实际的教学是怎么开展的、学生的学习是什么样子的……再经过相互对照，就大体可以发现问题，得出结论，提出建议。而按张丹老师的行事风格，她几乎肯定会完全反过来，从"学生的学习是什么样子的"开始。而事实也的确如此。

问题是，哪个路径更好？

"问题引领学习"这个主题，不论是过去还是现在，都是最重要、最核心也是最敏感的教学问题之一。虽然听上去好像与"四基"、"四能"，以及"深度学习"等都有关系，其实归根结底，它是一个"如何创设以学习者为中心的学习环境，凸显学习者主体地位"的问题，与如何引导学生主动学习的问题关系更大。这方面的问题，到目前为止一直都没怎么解决好，学生学习之被动，几乎没有太大的改变。

为什么会这样？原因再多，以我个人的看法，关键在于对"学生主动学习"这一问题的研究方式。简单说，是通过"自上而下"的方式，还是"自下而上"的方式进行。

要改革，就要有力度。谈到力度，就离不开自上而下的力推。结果往往一推到教师说了算的环节，就偃旗息鼓了。这不是教师不给力，而是因为那个研究路径对教师的"教"来说不是切实可行的。研究"教"的问题确实可以自上而下地开展，可以力推；而"问题引领"是研究"学"的问题，对象是学生，所以必须从学习者、从人开始。这就是为什么张丹老师要走那个"完全反过来"的路径。让"教"让位于"学"，让"学"自问题始，而"问题"又要源自学生。这样一来，一开始就从学生开始的"问题引领"，怎么会不走上"凸显学习者主体地位"的正确路径？

就这么简单吗？其实就这么简单！

对了，我为什么一下子就判断张丹老师会以"自下而上"的方式推进呢？原因也有很多，其中重要的一个就是，我知道她站过小学数学的讲台。

至于张丹老师到底是怎么从学生开始"自下而上"开展的，具体都做了些什么，那就需要读者好好读读她这几本书了。

《问题引领数学学习：内涵与实践策略》主要探讨"问题引领学习"的内涵、价值与实践策略。问题是数学的核心，问题提出有助于学生思维能力的提升和创新人格的孕育，促进学生理解数学的本质，激发学生学习的主动性。这本书阐述了基于儿童观点、历经教学实践的问题内涵，为如何鼓励儿童提出问题提供了实践的路径与策略，也为教师教学活动的设计提供了思路与方案。这样不仅能够将"问题引领学习"落实到数学课堂教学中，更勾画了促进学生数学核心素养发展的教学模式。

《数学提问力：促进儿童提问的活动设计》围绕"数学提问力"，呈现了 19 个促进儿童提问的活动。与好奇心不同，儿童的提问力不是与生俱来的，需要在相应的活动中得到锻炼，是一种经验的积累。从不敢提问题到敢于发表自己的想法，从单纯描述事物的表象到提出涉及事物本质的问题，沿着这样的路径，儿童看问题的视角会逐渐开阔，想象力会逐渐丰富，思维也会逐渐深刻。这本书记载的每个教学活动都经过课题组的教学实践，呈现了真实的情境，列举了学生提出的真实问题；每一个精巧的活动都是按照"目标、流程、设计、策略、回顾"的体例阐述，操作性强。

《小学数学单元教学：基于儿童真实问题》从实践的角度，诠释了如何基于儿童的问题开展单元整体教学。单元教学能够有效利用学生问题，有机链接学生问题和教学关键问题，用结构的力量来促使学生理解与迁移。这本书甄选了 10 个单元教学案例，展现了基于儿童真实问题构建单元学习的教学经验。

呈现给读者的这部丛书，是张丹老师团队上述宝贵经验的凝练，贯穿"问题引领学习"这个主题，相信一定会给读者很多的启示。

孙晓天

（作者系中央民族大学教授，2001 版全日制义务教育数学课程标准研制负责人之一，2021 版义务教育数学课程标准修订组核心成员。）

遇见最美的儿童问题

  发现和提出问题是激发儿童积极思维的动力，是开启儿童智慧之门的钥匙，也是信息输出与反馈的桥梁。但在学习的过程中，就儿童的年龄及认知特点来说，他们会出现提问思路不够开阔、缺乏持续提问的意识和深入思考的动力、提问的策略不足等困难。如何就儿童发现和提出问题的不足与困难进行梳理，确定"提升儿童的数学提问力"的专项活动，是本书期待解决的核心问题。基于此，以课题组在此方向上多年来的实践为基础，本书甄选了促进儿童提问的十九项活动，结合丰富而鲜活的实例将提问策略进行了翔实的介绍，既有要针对的问题和活动目标，又有详细的操作流程和活动设计。从学习提出问题的方法到丰富提问思路，促使儿童持续思考，把问题一直想下去，以丰富多元的内容为载体，从实践的角度诠释了如何促进儿童提问，进而提升儿童的数学提问力。

  在实际教学过程中，课题组研究者和实验教师一直在摸索如何立足儿童视角，基于儿童真实问题，实现儿童数学提问力的提升。我们期望能够在一定程度上，为一线教师实现系统地提升儿童数学提问力的教学提供可操作、可迁移的经验与策略。基于此，本书总结提炼前期实践的路径，提出一系列的改进、落实策略，并结合已经实践过的课堂实例，从如何持续激发儿童的好奇心，保持儿童提问的动力，到帮助儿童学会提问的基本策略，拓宽儿童提问的视角，开阔儿童的思维，进而到发展儿童的聚合思维，增强儿童思考提问的系统性，使儿童能够长久关注一个问题，进行持续、深入的思考等方面，进行了较为系统、翔实而深入的介绍，展现了基于"提升儿童的数学提问力"专项活动的经验。

　　总之，本书从提升儿童的数学提问力出发，诠释了发展儿童数学提问力的教学实践，期望能为广大教师提供一些值得借鉴的思考与做法，一起在最美的儿童问题中相遇。

孙佳威

第一章

提出你的问题

儿童的好奇心与生俱来，他们会产生不少疑惑，但低年级的儿童往往不知道问题该如何表述。同时，随着年龄的增长，学生的问题变得越来越少。杜威指出："如果不引导好奇心进入理智的水平，那么好奇心便会退化或消散。"[①]这也提醒我们，这种天赋容易消失。比如，有些儿童随着对外部世界的了解越来越多，对于常见的、熟悉的事物便越来越提不起兴趣；又如，有些儿童虽能伴随着好奇心发现了问题，但不能在"表达好奇"的过程中正确地把问题提出来。

如何给予儿童有效的支持呢？首先，可以帮助他们认识到"问题"中的关键要素——疑问词，并鼓励学生利用疑问词将自己的问题表达出来；在此基础上，通过创设丰富而有价值的情境唤醒儿童心底那份对"问题"的情有独钟；然后，提供材料和条件，引导他们不断转换观察和认识事物的视角，持续激发好奇心，让儿童学会观察、思考，通过思考，将所产生的好奇变成问题提出来，将好奇引导到有目的的探索中。

本章提供了五个活动案例。其中，"知道什么是问题""分析已有问题的形式"和"用疑问词提问"这三个活动是帮助儿童表达自己的问题。

知道什么是问题：鼓励儿童在喜闻乐见的情境中，通过提出心中的疑惑，逐步地明确什么是问题；

分析已有问题的形式：通过对已有问题的分类与分析，感受疑问词在提问中的作用；

用疑问词提问：通过丰富的活动，鼓励儿童能正确地使用疑问词表述问题，习得用疑问词提出问题的策略，为问题的提出提供可能。

为了保持儿童持续提问的动力，我们开展了"好奇心是提问的基础"和"在熟悉的事物中产生认知冲突"这两个活动。其中——

好奇心是提问的基础：通过提供新奇的材料和条件，持续激发儿童的好奇心，让儿童感受到好奇是提问的基础，提问是件有趣的事。

在熟悉的事物中产生认知冲突：通过转换观察和思考熟悉的事物的角度，让儿童产生认知冲突，进而引发新的好奇，提出问题，把好奇心和提出问题紧紧地联系在一起。

---

① 杜威. 我们怎样思维·经验与教育 [M]. 姜文闵，译. 2版. 北京：人民教育出版社，2005：41.

1 知道什么是问题

　　"问题"是指需要研究讨论并加以解决的矛盾、疑难。这一活动可以帮助学生克服不清楚什么是问题、不知道如何去表述问题的困难。

　　下面以"看图提问题"为例，阐述活动是如何开展的。

🎯 活动目标

　　知道什么是问题，并能根据问题情境把自己的困惑用问题的形式表述出来。

🔗 活动流程

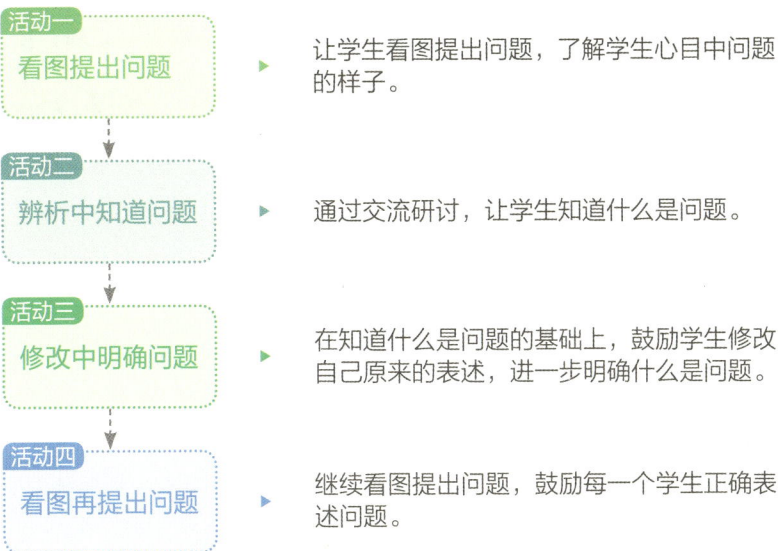

活动一 看图提出问题	▶ 让学生看图提出问题，了解学生心目中问题的样子。
活动二 辨析中知道问题	▶ 通过交流研讨，让学生知道什么是问题。
活动三 修改中明确问题	▶ 在知道什么是问题的基础上，鼓励学生修改自己原来的表述，进一步明确什么是问题。
活动四 看图再提出问题	▶ 继续看图提出问题，鼓励每一个学生正确表述问题。

活动一 看图提出问题

　　上课伊始，赵老师出示了一幅动物学校开学的情境图（见下图），引导学生观察并提出问题："孩子们，动物学校开学了。看看这幅图，你们有什么想问的问题吗？"思考了一会儿，有几个学生说出了自己要问的"问题"。

生 1　　两只小熊在玩球。

生 2　　一共有几只蝴蝶？

生 3　　草地上开着漂亮的小花呢！

生 4　　这所学校只有三间教室吗？

　　其他同学听了这几位同学的发言后，纷纷说出了自己心目中的问题。赵老师边听边把这些"问题"记在了黑板上。（见下页图）

1. 两只小熊在玩球。
2. 一共有几只蝴蝶?
3. 草地上开着漂亮的小花呢!
4. 这所学校只有三间教室吗?
5. 这所学校的校长是谁呀?
6. 后面那个蘑菇房子里住的是谁呀?
7. 大象这么大,怎么进得去这么小的洞?
8. 可爱的校园——校园又不是人,为什么说它是可爱的?
9. 一共有九只小鸟。
   ……

活动二 辨析中知道问题

面对学生提出的这些"问题",赵老师先带领学生一起读了读,然后引导:"你们觉得哪些才是要问的问题呢?"

生1 我觉得"一共有几只蝴蝶?"是个问题,因为问题就是你要问的。

生2 "这所学校只有三间教室吗?"这是个问题,因为远处还有没有教室,我们看不到了。

生3 "大象这么大,怎么进得去这么小的洞?"这句话是个问题。我也很好奇大象那么高,它是怎么走进学校大门的。

生4 我对"这所学校的校长是谁呀?"这个问题很感兴趣,特别想知道答案。

生4 您看"两只小熊在玩球"这句话里已经有答案了,它就不是要问的了,就不是问题了。

生3 我也这么认为。问题是要问的,"草地上开着漂亮的小花呢!"这句话里也没有要问的。

生1 "一共有九只小鸟"也不是问题,因为它告诉我们
有九只了,不需要问什么了。

赵老师边听学生研讨,边进行分类,说:"我们把自己好奇的、感兴趣的、不知道答案是什么的事情问出来,就叫提问题。"(见下图)

2. 一共有几只蝴蝶?
4. 这所学校只有三间教室吗?
5. 这所学校的校长是谁呀?
6. 后面那个蘑菇房子里住的是谁呀?
7. 大象这么大,怎么进得去这么小的洞?
8. 可爱的校园——校园又不是人,为什么说它
是可爱的?

1. 两只小熊在玩球。
3. 草地上开着漂亮的小花呢!
9. 一共有九只小鸟。

💡 策略吧

在教师引导下,
学生通过交流研讨,
知道什么是问题。

活动三 修改中明确问题

师 我们通过讨论知道了什么是问题。你
们能把刚才同学们说的不是问题的句子变
成问题吗?

生1 第1句变成问题后是:两只小熊在干什么?

生2 我来改第3句:草地上开着的漂亮的小花叫什么名字?

生3 我把第9句改成:天空中一共飞着几只小鸟?

师 同学们特别了不起,把这些不是问题的句子都改

成了问题。能说说你们是怎么改的吗?

生3 问题后面要有问号。

生4 把感兴趣的、好奇的问出来，但不能说出答案。

生5 我觉得问题里得有"几个""什么"这样的词。

活动四 看图再提出问题

在热烈的研讨中，赵老师把学习引向深入:"刚才，同学们在研讨、改写中，弄清楚了什么是问题。我们继续来看这幅图，你还能提出其他问题吗?"（见第4页情境图）

生1 我看到太阳在笑，这是为什么呢?

生2 有多少个小动物在这所漂亮的动物学校里上学?

生3 动物们学习的内容和我们学习的一样吗?

……

↺ 策略回顾

01 通过喜闻乐见的、开放的情境，激活学生的思维，明确什么是问题

喜闻乐见的、开放的情境，可以很好地激活学生的思维，让他们把所

思所想表达出来，把自己想问的都问出来，从而真实地了解学生心目中"问题"的样子。继而，在教师支持性问题的引导下，通过交流研讨，学生知道了什么是问题。在此基础上，通过改问题的活动，学生知道了如何表达问题，进一步明确什么是问题。最后，回到开始的情境中，让学生继续看图提出问题，从而进一步弄清楚什么是问题，开拓学生思维，发展问题意识。

对于学生喜爱的话题，要给足时间和空间让他们提出"问题"，进行辨析，让他们慢慢感悟出问题的特征，并能正确表达出问题。

02 给予必要的支持和引导

在问题呈现的过程中，有的学生表达的不是问题，需要教师及时地给予必要支持和有效引导。有的学生提出了问题，教师也要鼓励学生分享提出问题的思维过程。对学生出现的不同情况的引导具体见下表。

学生出现的情况	教师的作用	教师的引导策略
学生心中有问题，但没有用问句表达	引导学生交流研讨，让学生知道什么是问题	① 进行比较。比如问：你们觉得哪些才是要问的问题呢？ ② 调整表述。比如说：我们通过讨论知道了什么是问题。你们能把刚才同学们说的不是问题的句子变成问题吗？
能够提出问题	引导分享提出问题的思维过程	① 促进反思。比如问：这些问题是怎么提出的？ ② 拓展思维。比如问：你还能提出其他问题吗？

03 开展"知道什么是问题"活动的时间建议

"知道什么是问题"活动的时间可长可短,教师可根据活动目标、活动设计以及学生的实际情况来调整活动时间。上述案例中的活动用时 40 分钟,可分为两个活动单元进行。其中活动一和活动二为一个活动单元,用时 20 分钟;活动三和活动四为一个活动单元,用时 20 分钟。

"知道什么是问题"活动建议在一年级学生入学后就开展,教师选择适当的情境,让学生明确什么是问题。在学生积累了一些提问经验后,教师在适当的时候,鼓励学生提出数学问题。

2 分析已有问题的形式

通过对已有问题的分类与分析，认识帮助提问的"小帮手"——常用的疑问词。这一活动可以帮助学生克服不知道如何提问、提问种类单一的困难。

下面以"找出提问的'小帮手'"为例，阐述活动是如何开展的。

◎ 活动目标

认识常用的疑问词，了解疑问词的含义，丰富提问的种类。

活动流程

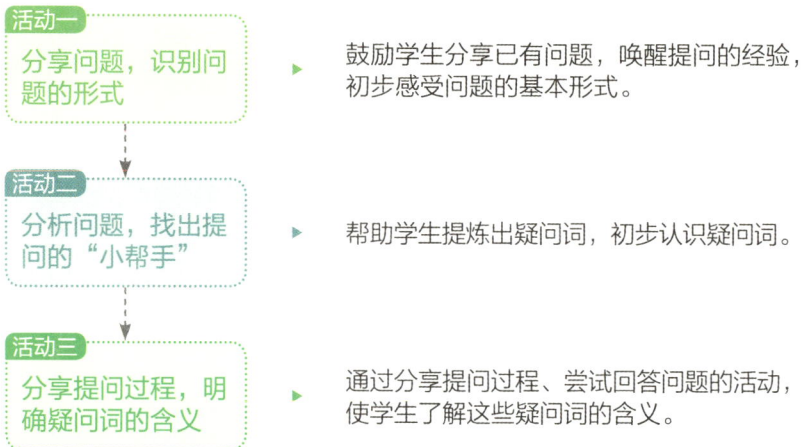

活动一
分享问题，识别问题的形式
▶ 鼓励学生分享已有问题，唤醒提问的经验，初步感受问题的基本形式。

活动二
分析问题，找出提问的"小帮手"
▶ 帮助学生提炼出疑问词，初步认识疑问词。

活动三
分享提问过程，明确疑问词的含义
▶ 通过分享提问过程、尝试回答问题的活动，使学生了解这些疑问词的含义。

🔲 活动设计

活动一 分享问题，识别问题的形式 ·····················

　　课前，马老师带着学生开展了有趣的提问活动，学生针对不同的情境，从不同的角度提出了不少问题。一上课，马老师把筛选出的部分问题呈现出来，请学生先来读一读问题。在读完问题后，马老师问道："刚才咱们读的这些句子都是问题吗？你们能不能做一次小法官，判断一下呢？"（见下图）

师　　　刚才我们读的这些是不是问题呢？请你给认为是问题的打"√"，不是问题的打"×"，你觉得拿不准的可以打"？"。

学生提出的问题	你的判断	学生提出的问题	你的判断
正方形和正方体有什么区别？		怎么在小钟表上拨出整时？	
11-9,6-9减不了,怎么办？		生活中哪里用到了分类？	
为什么鱼不能在陆地上生活？		什么是凑十的方法？	
数学是谁发明的？		立端午节是什么时间？	

　　学生们认真地做着判断，在问题单上填写着。接着，马老师组织大家汇总判断结果，大家一致认为上面这 8 个句子都是问题。在这个基础上，马老师和学生们就识别问题的过程进行了交流。

师　　为什么大家都认为这些句子是问题呢？

生1　　我认为它们都是问题，因为这些句子都有问号。

💡 **策略吧**
对识别问题的过程进行交流有助于学生提炼疑问词，初步体会疑问词的含义。

生2 不能只看有没有问号，问题中还得有问问题
      的词。

生3 我同意，比如"为什么鱼不能在陆地上生活？"
      中，"为什么"就是帮我们问问题的词。

师 看来问题不仅要有问号，还要有一些帮助提问的词。

活动二 分析问题，找出提问的"小帮手"

这时，马老师进一步鼓励学生："原来提问题还有一些'小帮手'呢！这些'小帮手'都藏在问题里，你们能不能把它们从问题中找出来呢？请把问题中帮我们提问的'小帮手'找出来，圈一圈、画一画。"

学生拿出笔，在自己的问题单上圈圈画画，寻找帮助提问的"小帮手"。当学生遇到困惑的时候，马老师鼓励他们在小组内交流，互相启发，互相帮助。（见下图）

学生提出的问题	你的判断	学生提出的问题	你的判断
正方形和正方体有什么区别？	✓	怎么在小钟表上拨出整时？	✓
16-9,6-9减不了，怎么办？	✓	生活中哪里用到了分类？	✓
为什么鱼不能在陆地上生活？	✓	什么是凑十的方法？	✓
数学是谁发明的？	✓	端午节是什么时间？	✓

在学生基本圈画完成后，马老师组织大家进行交流，说一说自己找出的"小帮手"；并根据交流情况，适时地选择相应的问题组织学生进行深入讨论。

师 在"怎么在小钟表上拨出整时？"这个问题中，你们都
      圈出了"怎么"，为什么认为它是提问的"小帮手"呢？

生1　要是没有"怎么"，这句话就变成"在小钟表上拨出整时"，就不是问题了。

生2　"怎么"就是我想知道在小钟表上怎么拨就是整时了，想知道拨整时的方法。

　　经过热烈的交流与讨论，学生挑出了"什么""谁""哪里""何时""为什么""怎么"这些疑问词。马老师把这些疑问词卡片贴在了黑板上，请学生读一读这些疑问词，然后介绍说："这些词就是帮助我们提问的'小帮手'，我们把它们叫作疑问词。"（见下图）

和疑问词交朋友

问题	疑问词
正方形和正方体有什么区别？ 什么是凑十的方法？	什么
数学是谁发明的？	谁
生活中哪里用到了分类？	哪里
端午节是什么时间？	什么时间（何时）
为什么鱼不能在陆地上生活？	为什么
16-9，6-9 减不了，怎么办？ 怎么在小钟表上拨出整时？	怎么

策略吧

可以通过圈画把疑问词找出来。

活动三　分享提问过程，明确疑问词的含义

师　　我们已经知道这六个疑问词是什么了。它们是怎么帮助我们提问的呢？

　　马老师从黑板上挑选出一些问题，请提问的学生分享他们提问的过程。

生1　我提的是"正方形和正方体有什么区别?"这个问题,因为除了书上讲的,我还想知道:正方形和正方体到底哪儿不一样。我就提了这个问题。

生2　我想知道数学是由谁发明的,就问了这个问题:"数学是谁发明的?"

师　像"什么""谁"这些疑问词,是帮助我们获取信息的,还有哪些疑问词也是帮助我们获取信息的呢?如果这是一个大家庭的话,我们快把它们送回家吧。

生3　帮我们获取信息的疑问词还有"哪里""何时",它们能告诉我们是在哪儿,还能告诉我们时间。

师　剩下的两个疑问词又是什么意思呢?用它们提的问题又想让我们知道什么呢?

生4　我想知道鱼不能在陆地上生活的原因是什么,就问了这个问题:"为什么鱼不能在陆地上生活?"

生5　我想知道计算 $16-9$ 有哪些方法,就问了"$16-9$,$6-9$ 减不了,怎么办?"这个问题。

师　当我们想询问一个事件发生的原因或解决方法的时候,经常用"为什么""怎么"这些疑问词来帮助提问。

经过讨论,学生初步了解了六个疑问词的含义。接着,马老师请学生尝试着回答黑板上的这些问题,再次体会这些疑问词的含义。

> 💡 **策略吧**
> 采访提问的学生,让学生尝试回答问题或展示提问的思考过程,可以让学生明白疑问词的含义。

师　谁愿意试着回答"正方形和正方体有什么区别?"这个问题?

生1　正方体是立体图形,正方形是平面图形。

生2　正方形只有一个面,正方体有六个面呢。

师　　选择一个你感兴趣的事物，用今天认识的六个疑问词朋友，尝试提出问题，并试着回答自己提出的问题。

⟳ 策略回顾

01 认识疑问词，学会用疑问词帮助提问

"分析已有问题的形式"重在认识疑问词。在这个活动中，筛选供学生识别、分析的问题尤为重要。筛选问题的基本原则是：问题的表述要清楚，要涵盖本活动需要识别的疑问词，尽量选含有同一疑问词的不同问题，可适当包含不是问题的"干扰问题"。经过精心筛选的问题是本活动开展的重要前提。

📎 **小贴士**
- 问题要来源于学生日常提出的真问题，有助于唤醒学生的提问经验。
- 收集学生问题时，可打破学科界限。
- 筛选出来的问题，应该是学生尽可能可以回答或解决的，这有助于让学生感受疑问词的含义和提问的价值。

02 给予必要的支持和引导

学生会出现不能识别出疑问词或不能理解疑问词的含义的情况，这就需要教师给予必要的支持和引导。（见下表）

学生出现的情况	教师的作用	教师的引导策略
对于某些句子，学生不能识别其是否是问题	引导和提示	① 引导阅读。比如：请你读读这句话，判断它是不是问题。 ② 提示寻找疑问词。比如问：除了问号，还有没有帮我们提问的"小帮手"？ ③ 尝试回答。比如说：看看这个问题的答案。

学生出现的情况	教师的作用	教师的引导策略
学生不能从问题中挑出疑问词	分析问题，发现疑问词，引导反思	① 提示关注疑问词。比如问：去掉哪个词就不是问题了？ ② 对问题进行分类。 ③ 展示识别问题或提出问题的过程。比如问：能说说你是怎么提出这个问题的吗？
不明白疑问词有什么含义	组织讨论，适时介绍	① 组织学生互相讨论。比如问：谁能用自己的话说一说这个词是什么意思？ ② 尝试让学生回答问题。比如问：谁能尝试解决这个问题？ ③ 适时介绍疑问词的含义。

通过查阅词典，教师对上述六个疑问词的含义进行梳理。(见下表)

疑问词	含义
什么	表示疑问。单用，问事物；用在名词前面，问人或事物
谁	问人，可以指一个人或几个人
哪里	问什么处所
何时	"何"是疑问代词，意为"什么""哪里"；"时"指时间、时候；因此，"何时"用于询问时间
为什么	询问原因或目的
怎么	询问性质、状况、原因、方式等

03 开展"分析已有问题的形式"活动的时间建议

上面呈现的"分析已有问题的形式"活动用 20 分钟完成。如果希望学生对问题更加熟悉，为后续的分析问题做好铺垫，可以在活动一前增加围绕话题现场提问的环节，用"新鲜出炉"的问题作为活动素材。还可以鼓励学生尝试解决问题，交流解决问题的策略。此时，活动的时间可以适当延长。

此活动适合一年级学生在刚入学的时候开展。一年级学生常使用"什么""为什么"来提问。开展这样的活动能够让他们认识更多的疑问词，丰富提问的角度，促进思维的发展。

拉长学生对疑问词含义感受的过程，鼓励学生在课后尝试回答问题，寻找答案，进一步感受疑问词的含义。同时，也可以设计用疑问词提问的小游戏，让学生在游戏中继续感受疑问词的含义。

3 用疑问词提问

"用疑问词提问"是从一个话题出发，借助疑问词将话题中感到好奇或困惑的部分用问题的形式提出来。这一活动可以帮助学生提出问题，并解决提问思路不够开阔的问题。

下面以"拼摆智方翻翻乐"为例，阐述活动是如何开展的。

◎ 活动目标

学会运用疑问词提出问题，进一步清晰疑问词在提问中的指向性，开阔提出问题的视角。

活动流程

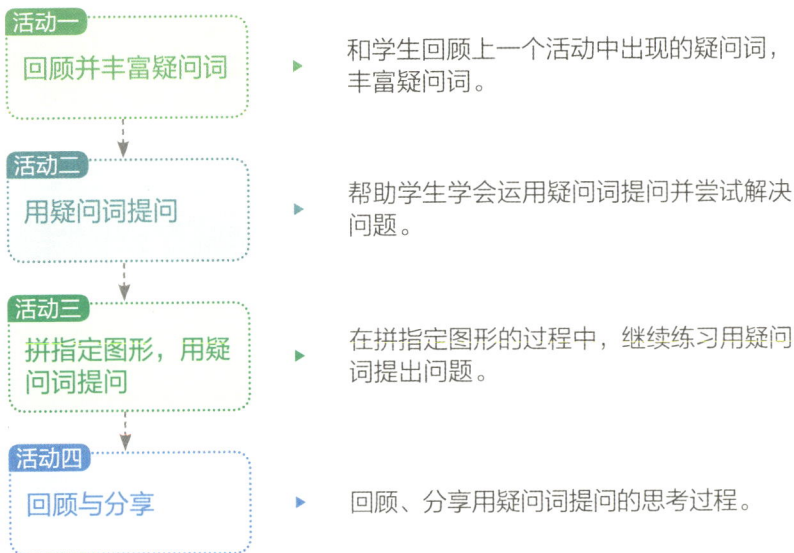

活动一 回顾并丰富疑问词	▶	和学生回顾上一个活动中出现的疑问词，丰富疑问词。
活动二 用疑问词提问	▶	帮助学生学会运用疑问词提问并尝试解决问题。
活动三 拼指定图形，用疑问词提问	▶	在拼指定图形的过程中，继续练习用疑问词提出问题。
活动四 回顾与分享	▶	回顾、分享用疑问词提问的思考过程。

🖳 活动设计

♻ 学具说明　智方翻翻乐

此学具每盒有 36 个小正方体，每个小正方体的每一面由不同的图形组成。（见右图）如果没有此学具，也可以直接用各种平面图形拼摆或画一画，或者选择其他话题开展活动。

活动一　回顾并丰富疑问词

在"分析已有问题的形式"活动中，老师和学生一起知道了可以用哪些疑问词提问题。为了唤起学生的记忆，活动一开始，肖老师就询问学生是否还记得疑问词，学生争先恐后地进行了回答。

生1　有"为什么""什么""哪里"这样的疑问词。

生2　还有"怎么""谁""何时"这样的疑问词。

师　太棒了！除了这些，你们还能想到其他疑问词吗？

生3　还可以用"多少"来提问。

……

> 💡 策略吧
>
> 丰富疑问词，打开学生思考的视角。

肖老师一边和学生交流，一边把学生提到的疑问词都记录在黑板上。（见下图）

为什么　　谁
什么　　哪里
怎么　　多少　　何时

　　随后，肖老师拿出了学具"智方翻翻乐"，并围绕学具的名字鼓励学生提出疑问："听到'智方翻翻乐'这个名字，你能借助我们知道的疑问词提出你的问题吗？"

生 1　它为什么叫智方翻翻乐？

生 2　在哪里能买到这个学具？

生 3　这个学具是怎么玩的？

生 4　它是可以翻着玩的吗？翻完之后什么样？

生 5　这一套有多少块小正方体？

生 6　可以摆出多少种图形？

生 7　是谁发明的这个学具？

生 1　可以摆出哪些图形？

生 8　我们今天什么时间可以玩？能玩多长时间？

　　……

> 💡 **策略吧**
> 适时巩固、运用疑问词，提出问题。

> 📎 **小贴士**
> 用学具或趣味游戏调动学生提问的兴趣。

　　随着学生提出的问题越来越多，肖老师及时做出小结，并引导学生解决其中的一些问题，说："这么多问题，你能解决哪些问题呢？"

生 1　我可以解决"这一套有多少块小正方体？"这个问题。我数了数，一套有 36 块小正方体。

生 2　我来解决"它为什么叫智方翻翻乐？"这个问题。因为它能翻，翻的时候需要动脑筋，还能给我们带来快乐，所以它叫智方翻翻乐。

　　……

　　在解决问题的过程中，学生对用疑问词提出问题更加感兴趣。

　　肖老师引导学生聚焦拼图形的问题，并提出了活动要求："请你拿出学具拼个三角形。在拼三角形的过程中，你能借助疑问词提出问题吗？"（学生的拼图成果见下图。）

生1　最多用几个小三角形能拼成大三角形？

生2　最少用几个小三角形能拼成大三角形？

生3　还能用**什么**形状拼成三角形？

生4　用小三角形和长方形**能否**拼成大三角形？

生5　**为什么** 4 个拼不成三角形？

💡**策略吧**

　　在操作和思考的基础上运用疑问词提出问题，将思考引向深入。

📎**小贴士**

　　动手操作有利于开放学生思维。

活动四 回顾与分享

　　在学生用疑问词提出更加丰富的问题后，肖老师引导学生回顾用疑问词提问的思考过程。

师　回顾一下，哪个疑问词帮助你提问了？你是怎么想到用这个疑问词提问的？

生1　我用到了"几个"这个疑问词，在拼三角形的过程中，我尝试了用不同数量的小正方体拼三角形，所以我用了"几个"去提问题。

生2　我知道"什么"是疑问词，在拼三角形的时候我发现还能用不同的形状拼出三角形，所以我提出了"还能用什么形状拼成三角形"。

生3　我最开始拼的时候也和他们一样，想的是数量和形状的问题，但是我看到了"为什么"这个疑问词，我就提出了"为什么4个拼不成三角形?"这个问题。

⟳ 策略回顾

01　借助多种形式用疑问词提问

在学生知道有哪些疑问词可以用来提问的基础上，教师创设了多种形式的提问活动，引导学生学会用疑问词提问。第一个活动是回顾并丰富疑问词，开阔学生思考的视角；第二个活动是用疑问词提问，帮助学生学会运用疑问词提出问题，清楚提问的角度；第三个活动是拼指定图形，并鼓励学生运用疑问词围绕活动提出问题，将学生的思考引向深入；第四个活动是回顾用疑问词提问的思考过程，进一步清晰提问的角度。在多种形式的活动中，鼓励学生用不同的疑问词提出问题，进一步清晰疑问词在提问中的作用。

> 💡 策略吧
> 回顾对提问的思考过程，让学生进一步体会疑问词的含义和作用。

02 给予必要的支持和引导

在用疑问词提问的过程中，我们发现学生都会用疑问词提问，但他们往往会选择使用自己较熟悉的疑问词提问，提问方向比较单一，思考方向不够开阔，这时，需要教师及时给予必要支持和有效引导。同时，也鼓励学生进行回顾整理。具体见下表。

学生出现的情况	教师的作用	教师的引导策略
思考方向单一，不够开阔	借助疑问词，提出不同问题	① 鼓励用其他的疑问词提问。比如问：你还能想到用其他的疑问词提个问题吗？ ② 素材支持，鼓励运用疑问词提问。比如说：请你拿出学具拼个三角形，在拼三角形的过程中，你能借助另一个疑问词提出问题吗？
会用疑问词提问	引导反思，进一步清晰疑问词的含义	回顾整理。比如问：哪个疑问词帮助你提问了？你是怎么想到用这个疑问词提问的？

03 开展"用疑问词提问"活动的时间建议

"用疑问词提问"活动的时间可长可短，教师可根据活动目标和实际活动的设计来调整活动时间，也可根据活动中学生的实际情况延长时间。上述案例中的活动用时约为 40 分钟，可分为两个活动单元进行。其中，活动一和活动二为一个活动单元，用时 20 分钟，给学生充足的时间运用疑问词提问，并让学生尝试解决部分问题；活动三和活动四为一个活动单元，借助拼图活动再次练习运用疑问词提问，将思考引向深入。

"用疑问词提问"适合在中低年级开展，而且可以结合情境、内容随时展开。

4 好奇心是提问的基础

这一活动通过不断创设有趣、有疑的问题情境，激发学生的好奇心，将好奇、疑惑外显为问题，帮助学生体会好奇心的重要性。

下面以"会吃鸡蛋的瓶子"为例，阐述活动是如何开展的。

◎ 活动目标

通过观察"会吃鸡蛋的瓶子"科学小实验，激发好奇心，初步建立有疑、想问的心理基础，体会好奇才能产生问题，感受提问的乐趣。

活动流程

活动一
看课题，产生好奇心，初次提问
▶ 通过针对实验标题提问的活动，初步激发学生的好奇心。

活动二
观察实验，进一步激发好奇心，再次提问
▶ 通过观察实验，进一步引发学生有疑、想问的心理需求，感受提问的乐趣。

活动三
推选问题，交流提出问题的过程
▶ 在推选问题的过程中，交流提问的思维过程，感受问题是怎样提出的。

活动四
寻找答案，持续提问
▶ 引导学生持续保持好奇心，并引发连续思考和提问。

活动一 看课题，产生好奇心，初次提问 ·····················

一上课，张老师就在黑板上贴出了标题"会吃鸡蛋的瓶子"。班上的"小调皮"小A说："这节不是数学课吗？怎么要学'会吃鸡蛋的瓶子'呢？"张老师顺势提问："小A看到张老师贴的这个标题，很好奇，还提出了一个问题。你们看到这个标题也好奇吗？有什么问题吗？"

生1　瓶子不是人，它没有嘴，怎么吃鸡蛋啊？

生2　瓶子是怎么把鸡蛋吃进去的？

生3　瓶子为什么要吃鸡蛋？

在学生们好奇又困惑的目光下，张老师准备做实验了。在做实验之前，张老师用鼓励的语言对学生们说："如果你有什么好奇，请用问题表达出来。"

> 💡**策略吧**
>
> 为了激发学生的好奇心，教师需要为学生创设有趣、易产生认知冲突的情境。

> 📎**小贴士**
>
> 不限制、不评价学生的问题，有助于学生轻松地表达出自己的好奇和疑惑。

活动二 观察实验，进一步激发好奇心，再次提问 ·············

张老师展示实验用具（玻璃瓶、剥了皮的熟鸡蛋、打火机、酒精棉球），然后开始做实验。她先把剥了皮的熟鸡蛋放在瓶口，鸡蛋落不下去；然后拿开鸡蛋，点燃酒精棉球并迅速把它放入玻璃瓶；再把鸡蛋放回瓶口，手握住玻璃瓶身（以免瓶子掉落发生危险）；只听嘭的一声，鸡蛋被"吃"进了瓶子。（见下页图）

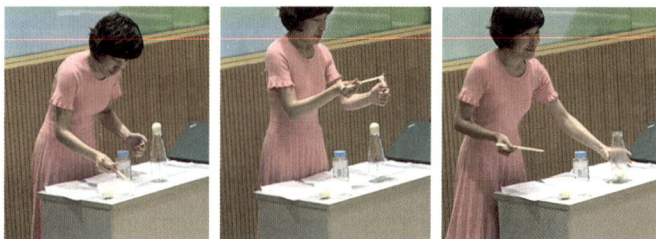

学生纷纷发出了惊叹声，张老师提醒学生这个实验有危险，不要轻易模仿。然后约定了5分钟的提问时间，请学生把自己的问题记录在问题单上。（见下图）

问题记录单	学生的提问
通过观察小实验，把你的好奇用问题的形式表示出来，尽量用简洁的语言表达清楚，让别人能看懂你的问题。可以提出多个问题，不需要回答。 （计时5分钟） 我的问题： 1. 2. 3. 4. ……	1. 为什么把点燃的棉球放进瓶子后，鸡蛋就被吃进去了？ 2. 为什么老师准备的不是生鸡蛋？ 3. 如果换成带壳的鸡蛋，实验还能成功吗？ 4. 做完实验后，玻璃瓶里面为什么有哈气？

💡 策略吧

为学生提供问题记录单，可以使学生静下心来思考，经历从好奇到产生问题的过程。

小贴士

巡视中，教师要对提问有困难或问题表述不清的学生给予必要的指导。

5分钟的提问时间到了，很多学生都在记录单上提出了问题。张老师请学生再读一读自己提出的问题，准备开始小组交流。

活动三 推选问题，交流提出问题的过程

活动建议：

1. 四人小组交流你们提出的问题。
2. 选择1—2个全组最感兴趣的问题向全班分享。

张老师和学生约定了 5 分钟的小组交流时间，学生开始热烈讨论。5 分钟后，张老师根据学生的汇报，把各小组中最感兴趣的问题一一记录下来。（见下图）

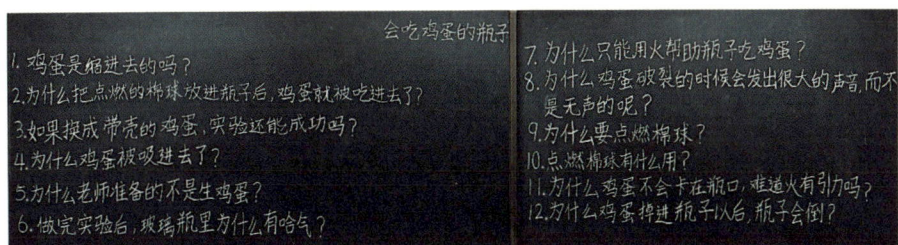

会吃鸡蛋的瓶子

1. 鸡蛋是缩进去的吗？
2. 为什么把点燃的棉球放进瓶子后，鸡蛋就被吃进去了？
3. 如果换成带壳的鸡蛋，实验还能成功吗？
4. 为什么鸡蛋被吸进去了？
5. 为什么老师准备的不是生鸡蛋？
6. 做完实验后，玻璃瓶里为什么有哈气？
7. 为什么只能用火帮助瓶子吃鸡蛋？
8. 为什么鸡蛋破裂的时候会发出很大的声音，而不是无声的呢？
9. 为什么要点燃棉球？
10. 点燃棉球有什么用？
11. 为什么鸡蛋不会卡在瓶口，难道火有引力吗？
12. 为什么鸡蛋掉进瓶子以后，瓶子会倒？

看到记录下来的这些问题，张老师说："你们都是怎么想出这些问题的？请分享一下自己的思考过程吧。"

生 1　看到老师把点燃的棉球放进瓶子，鸡蛋就能被吸进去，我特别好奇这是为什么，所以就提出了问题。

生 2　我看到老师把棉球点燃了，感觉很好奇，就想问问为什么要点燃棉球呢。

生 3　我看到老师准备的是熟鸡蛋，就想到如果用生鸡蛋会怎样呢，就提出了问题。

策略吧

分享学生是如何提出问题的这一点很重要，在交流从好奇到形成问题的过程中，学生积累了提问的策略。

听了学生们的发言后，张老师说："我发现大家在分享自己提问的过程时，都说到了两个词'看到'和'想到'，看来我们不仅要会观察，还要对观察到的现象进行思考，只有思考才能知道自己好奇的是什么，这样我们才能把好奇变成问题提出来。"

小贴士

记录学生问题时，尽可能详细地写下来。

全班学生都对第二个问题特别感兴趣，张老师通过上网搜索找到了实验的科学原理，带领大家学习。

> 燃烧的棉球用掉了瓶里的氧气，使得瓶子外部压强比瓶子内部压强大，于是就把鸡蛋挤压进了瓶中。

看到学生们若有所思的样子，张老师接着说："看完这份资料后，你们又开始对什么感到好奇？能提出哪些问题？"

生1 什么叫压强？

生2 为什么瓶子外部压强比内部压强大，鸡蛋就能进入瓶子？

生3 氧气是如何被燃烧的棉球用掉的？

💡 策略吧

鼓励学生去解决问题、寻找答案，引发学生连续思考，是保持好奇心、将好奇引向深入的重要策略。

张老师鼓励学生在提出的问题中再找一个来解决，小A说："我就是想知道如果是带壳的鸡蛋，实验还能成功吗？"许多同学也对这个问题很感兴趣。于是，张老师拿出一个没有剥壳的鸡蛋，请学生猜一猜实验的结果。有的学生猜鸡蛋还是会被瓶子吃掉；有的学生说，鸡蛋有壳，是硬的，瓶子吃不了。

张老师请小A做小助手，用带壳的熟鸡蛋又做了一次实验，结果，这个带壳的鸡蛋没有被瓶子吃掉。学生感到非常好奇，纷纷提出："这是为什么啊？"

张老师说："我们对事物有了好奇心，就能不断思考，提出很多问题，有时知道原因了可能还会产生新的好奇，继续追问。看来，好奇是让我们不断提问的基础。"

张老师鼓励学生从今天提出的问题中选择一个自己好奇的问题，尝试在课后寻找答案。

01 提供丰富素材，持续激发好奇心

好奇是人类的天性，是一种喜欢探究自己不了解的事物的心理状态，好奇往往是提出问题的萌芽。在上面的活动中，教师通过不断选择素材，创设情境，激发学生的好奇心，鼓励学生提出问题。在分享如何提出问题的活动中，学生感受到好奇心是提问的基础，通过观察、思考和使用恰当的疑问词，就能把好奇心转变成问题，以获取更多信息和答案。

开展这一活动，选取能够激发学生好奇心的素材很重要。教师可以选择蕴含较为丰富的、学生未知的、想要获取更多信息的素材激发学生的好奇心，如科学实验、有趣的自然现象等。素材的选择在学会提问的最初阶段可以不限定于数学学科，后续要随着数学学习内容选择、开发相应的素材。

小贴士
- 建议多种类型素材搭配使用，不断深入、持续激发学生的好奇心。
- 教师出示素材后，要给学生留足时间观察、思考、交流。
- 考虑学生的年龄、心理状态、知识储备等因素，合理选择素材。

02 给予必要的支持和引导

在观察素材提出问题的过程中，学生会出现有好奇心但不能提出问题或好奇心容易消散的情况，这就需要教师及时关注学生提问活动中的实际情况，给予引导和帮助。当学生能够把好奇变成问题时，教师也要鼓励学生分享问题产生的思维过程。（见下页表）

学生出现的情况	教师的作用	教师的引导策略
有好奇心但不能提出问题	引导学生把困惑转换成问题	① 提问句式的引导。比如说：用"为什么……"的句式把你想了解的现象背后的原因描述成问题。 ② 教师示范。比如说：我想知道为什么瓶子能吃鸡蛋。 ③ 提示好奇点。比如问：你看到了什么？看到后想到了什么？有什么不明白的吗？
好奇心容易消散	不断激发学生的好奇心	① 进一步提供素材。 ② 教师回应学生的问题。比如：提供某些问题的思考角度。 ③ 鼓励学生解决问题。
当学生能够把好奇变成问题时	引导学生分享问题产生的思维过程	① 提炼一些提问策略。比如说：这位同学从熟鸡蛋联想到了生鸡蛋。 ② 提炼使用的疑问词。 ③ 借鉴运用。比如问：用他刚才的方法，你还能想到什么问题？

03 开展"好奇心是提问的基础"活动的时间建议

活动时间要根据提供素材的数量和种类及提问的具体要求而定。上述案例中的活动用时 40 分钟，可分为两个活动单元进行。其中活动一和活动二为一个活动单元，用时 20 分钟；活动三和活动四为一个活动单元，用时 20 分钟。教师可根据活动目标、实际活动的设计、学生提问的实际情况来合理调整活动时间。

激发好奇心提出问题的活动在一至六年级都可以开展，上述案例中的活动是在二年级进行的。低年级开展活动更多是为激发学生的好奇心，让学生学会把好奇变成问题；中、高年级可以结合学生的认知基础和生活经验，选择适当的素材开展活动，让学生深入思考，把持续激发的好奇心转化为不断提问的动力。

　　在活动后，教师可以鼓励学生把由好奇而产生的问题及时记录下来，存入"问题银行"，在后面的时间里选择感兴趣的问题开展研究，最终解决问题。

5 在熟悉的事物中产生认知冲突

这一活动的目的是通过改变对熟悉事物的认识角度，设置新的认知冲突，激发学生的好奇心，进而提出问题，帮助学生克服对司空见惯的事物缺乏好奇心、提不出问题的困难。

下面以"一张长方形纸的变身记"为例，阐述这个活动是如何展开的。

◎ 活动目标

从熟悉的事物入手，改变对事物认识的角度，激发好奇心，引发认知冲突，通过运用对比、联想等方式提出问题。

⚙ 活动流程

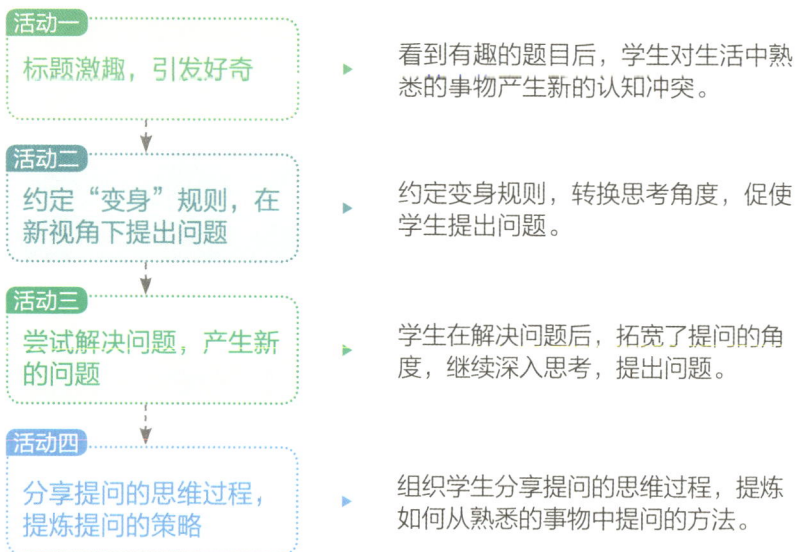

活动一
标题激趣，引发好奇 ▶ 看到有趣的题目后，学生对生活中熟悉的事物产生新的认知冲突。

活动二
约定"变身"规则，在新视角下提出问题 ▶ 约定变身规则，转换思考角度，促使学生提出问题。

活动三
尝试解决问题，产生新的问题 ▶ 学生在解决问题后，拓宽了提问的角度，继续深入思考，提出问题。

活动四
分享提问的思维过程，提炼提问的策略 ▶ 组织学生分享提问的思维过程，提炼如何从熟悉的事物中提问的方法。

活动一 标题激趣，引发好奇 ....

　　一上课，周老师拿出了一张长方形纸，说："这是一张常见的长方形纸，你有什么好奇的吗？"

　　尽管有学生提出了这张长方形纸的长、宽和周长、面积分别是多少的数学问题，但很明显大家对于司空见惯的纸并没有产生好奇，只是为了完成老师的任务而提出了问题。

　　此时，周老师在黑板上写下"一张长方形纸的变身记"（见右图），"变身"两个字引发了大家的好奇，纷纷提出问题：

一张长方形纸的变身记

　　生 1　这张长方形纸可以怎么变身呢？

　　生 2　什么叫作变身？我们平时会把纸折成飞机、小鸟等，算不算纸的变身？

　　生 3　纸的变身需要什么方法或者材料呢？

　　通过有趣的标题，学生对这张普通的长方形纸开始产生好奇了。

活动二 约定"变身"规则，在新视角下提出问题 ....

　　周老师说："一说'变身'，你们的问题可真不少呀。对今天我们提到的变身，还请同学们换一个角度想一想，纸还能怎么变身呢？"学生陷入思考，不知道怎么办。这时，周老师说："刚刚有同学提到了用什么方法变身，那请你们观察一下老师的动作。"说完，周老师拿起这张纸，做了一个围的动作。①

---

①　需要说明的是，严格地说，用长方形纸围成的是一个圆柱的侧面，不是完整的立体图形，这里老师向学生做了说明。但为了行文方便，后面还沿用了"围成""创造出"立体图形等说法。

生 1　老师，你把这张纸围成了一个圆柱形，变成了立体图形。

师　不错，我们今天说的变身就是在不破坏这张纸的前提下，"创造出"一个立体图形。在这个变身规则下，你对它有新的好奇或者问题吗？

学生们明白了长方形纸的变身规则后，纷纷举起手，提出自己好奇的问题。

生 1　原来纸还可以变成立体图形，那这张长方形纸可以围成哪些立体图形呢？

生 2　我觉得可以围成圆柱，但是不是围的方法不同，围成的图形也不同呢？

生 3　除了围以外，能不能折呢？是不是可以折出不同的长方体呢？

> 💡 策略吧
> 教师通过示范自己思考的角度，引发学生新的思考。

当学生发现一张纸能从一个平面图形转变成一个立体图形之后，一下子对这张纸产生了新的好奇和兴趣，特别想亲自动手去寻找问题的答案。

活动三 尝试解决问题，产生新的问题

周老师给每个学生发了一张长方形纸，请他们按照自己的想法，动手试一试。

利用这张长方形纸创造出一个立体图形，具体要求如下：
1. 不破坏这张长方形纸。
2. 最大限度地利用这张纸。
3. 在活动过程中，把你的好奇或者问题记录在提问单上。

学生利用长方形纸创造出了很多立体图形，并且发现和提出了新的问题。（见下图）

学生作品	提出的问题
	我围成的是一个圆柱。但是为什么圆柱没有棱呢？它到底有几个面？
	为什么我折出的长方体没有顶和底？
	我折出的立体图形是这样的，它叫什么名字？
	我发现这张纸对折的次数越多，折成的立体图形的面就越多。如果算上上底面、下底面，是不是它的表面积就越大呢？

周老师把学生创造出的各种立体图形都放在讲台上，鼓励学生观察这些立体图形的相同和不同之处，进一步交流、提出自己的新发现。（见下图）

生1　大家用的都是同一张纸，折成的长方体中，为什么有的是高高瘦瘦的，有的是矮矮胖胖的？

生2　既然都是用同一张长方形纸创造出来的，那它们的体积会不会都一样呢？

生3　它们都是用长方形纸围成的，我觉得可以尝试一下旋转、平移，看看能不能创造出新的立体图形。

在提问的过程中，有的学生想到创造立体图形的新角度——旋转或者平移。学生们对这个想法非常好奇，想尝试一下。于是，周老师给每个学生又重新发了一张长方形纸，请学生试一试。学生纷纷用手中的长方形纸开始尝试，"我转出了圆柱。""我得到了长方体。"……

看着学生纷纷成功，周老师请他们根据自己的操作在纸上画出得到的立体图形，然后进行交流展示。

生 1　我用长方形的长做轴，绕着长旋转了一圈，得到了一个圆柱。（见右图）

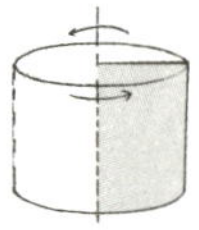

生 2　我也得到了圆柱，我是沿着长方形的宽旋转的，这个圆柱矮一点，胖一点。（见右图）

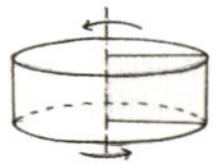

生 3　我用的也是旋转的方法，不过我是把长方形对折了一下，以中间的折痕为轴旋转的，也得到了圆柱。（见右图）用旋转创造出的立体图形只能是圆柱吗？

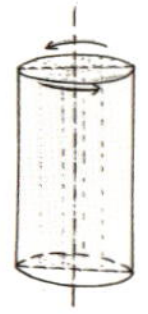

生 4　我用的是平移，想象把这张长方形纸向上平移，平移的过程中会得到一个长方体。（见右图）

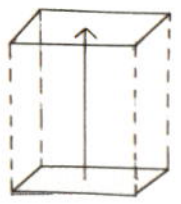

活动四 分享提问的思维过程，提炼提问的策略

周老师选择了几个问题，请提出问题的学生分享自己提出问题的过程。（见下表）

学生提出的问题	学生提问时的想法
一张长方形纸可以变成哪些立体图形？	一开始我以为只能创造出圆柱、长方体，但是当看到其他同学创造出三棱柱、八棱柱等其他立体图形时，我很好奇，所以我提出了这个问题。
大家用的都是同一张纸，折成的都是长方体，为什么有的是高高瘦瘦的，有的是矮矮胖胖的？	观察了两种不同的长方体，我发现它们用的是同样的纸，都是用折的方法，怎么会出现不同的形状呢？所以我提出了这个问题。

学生提出的问题	学生提问时的想法
我觉得可以尝试一下旋转、平移，看看会不会创造出新的立体图形？	我观察后发现大家创造的方法都比较类似，所以我想知道不同的方法是不是也可以创造出不同的立体图形。
用旋转创造出的立体图形只能是圆柱吗？	我看到长方形通过旋转创造了立体图形圆柱，我想知道用旋转只能创造出圆柱吗？能不能创造出其他的立体图形呢？

在学生分享提问的思考过程后，周老师引导大家思考："一张纸很普通，是我们很熟悉的事物。但是我们却提出了很多问题，是什么促使我们提出了这么多的问题呢？"

生1　老师提出长方形纸变身后，我就很感兴趣，后来我发现长方形纸还能变成立体图形。从平面到立体，让我有了新的思考和发现。

生2　一张长方形纸能创造出这么多立体图形，但这些图形都不太一样，我比较了一下它们的相同点和不同点，提出了新的问题。

生3　当同学提出还可以用旋转的方法创造立体图形时，我很好奇，就动手试了试，确实可以。我又想知道用旋转的方法能创造出多少种立体图形呢？

随着学生们的交流，教师帮助他们提炼出多种转换的角度来提出问题：从平面转换到立体，找到相同点和不同点，发现更多情况，根据已有的现象展开联想……。这些角度让学生产生了新的兴趣点，好奇心不断被激发，提出一个又一个问题，引发了更深入的思考。

策略吧

引导学生分享提出问题的思维过程，提炼提问策略。

从中选择一个感兴趣的问题开展研究并解决，看看又有什么新的发现吧！

01 转换不同的角度，产生认知冲突

学生对于熟悉的事物容易缺乏好奇心，此时我们可以引导学生从不同的视角去观察、分析，在转换和拓展认识事物角度的过程中，产生新的认知冲突。在上述案例中，以"一张长方形纸的变身记"为切入点，学生经历了三次认知冲突。

第一次，在教师的示范下，学生发现可以用一张纸"创造出"一个立体图形。从二维到三维的角度转换，为学生设置了第一次认知冲突。在操作后的交流中，学生看到用长方形的纸不仅可以创造出长方体和圆柱，还可以创造出三棱柱、八棱柱等，即使创造出的是同一种立体图形，具体形状也可能有所不同。从丰富多样的立体图形中发现相同和不同之处，形成了第二次认知冲突。学生对创作方法展开联想，提出用平移、旋转等方法创造图形的问题，形成了第三次认知冲突。

在这一教学过程中，教师结合生活现象和数学内容引导学生转换角度看问题，通过设置认知冲突，有效激发了学生的好奇心。

02 给予必要的支持和引导

当面对熟悉的事物，学生想不到转换的角度，或转换角度后提不出问题、提出的问题比较单一时，教师应及时给予必要的支持和有效引导。当学生提出新的角度或有价值的新问题时，教师要引导学生分享产生新角度和提出问题的过程。（见下页表）

学生出现的情况	教师的作用	教师的引导策略
学生想不到转换的角度	教师示范、引导	① 动作提示。比如教师做用纸围成圆柱形状的动作。 ② 语言提示。比如说：我们还学过平移、旋转……
转换角度后，学生仍然提不出问题，或者提问角度单一	启迪学生思维，使之产生新想法	① 提供对比材料。比如问：你们观察这些立体图形，它们有什么相同和不同的地方？ ② 提示联想。比如问：刚刚有同学折出了八个面的立体图形，这对你有什么启发？你能想到什么？
当学生提出新的角度或有价值的问题时	引导学生分享新角度或问题产生的思维过程，提炼提问的策略	① 促进反思。比如问：你是怎么想到这个问题的？ ② 梳理提问方法。比如对比观察、联想、寻找联系等。 ③ 鼓励解决。比如说：尝试解决你提出的问题，看看是否有新发现。

03 开展"在熟悉的事物中产生认知冲突"活动的时间建议

在"一张长方形纸的变身记"活动中，由于学生转换角度后，需要动手操作，在验证猜想、获取答案的过程中，教师再次设置认知冲突，提出问题，因此，在操作和提问活动中给学生留出了比较充足的时间，共用时40分钟。教师可以根据自己选择的事物以及转换角度后提问的具体活动需要调整活动时间。

"在熟悉的事物中产生认知冲突"活动适合在中、高年级开展。上述案例中的活动是在学生刚刚进入六年级时进行的。因为中、高年级的学生有一定的知识和经验的积累，但恰恰可能随着年龄的增长、获取的知识和信息逐渐增多，学生的好奇心会逐渐减弱。因此，教师可以根据学生的认知基础和生活经验选择适当的话题，并鼓励学生把转换角度看事物的思维习惯融入日常的学习和生活中，对常见的现象、已掌握的知识从不同的角度进行思考，产生好奇，提出问题。把这些好奇和问题记录在问题本上，并选择感兴趣的问题去解决，在解决问题的过程中再次发现新的视角，提出好问题。

第二章

丰富提问的思路

美国著名的教育评论家尼尔·波兹曼（Neil Postman）在他撰写的《教学：一种颠覆性的活动》一书中写过这样一段话："一旦你学会如何提出问题，你就学会了如何学习，而且再没人能阻止你去学你所想所需的一切。"在上一章中，我们帮助儿童学会如何表达问题，并通过多种活动持续激发儿童的好奇心，保持儿童提问的动力。本章，我们要从提问的策略出发，丰富儿童提问的角度，从而开阔儿童的思维。

但在学习的过程中，学生的提问会出现一些困难。比如：不知道从哪些角度提问题，提问思路不够开阔。如何让学生的提问角度变得丰富呢？首先，教师要提供材料和条件，不断转换观察和认识事物的视角，拓宽学生提出问题的思路；其次，让学生学会提问的基本策略，持续拓宽学生提问的视角，进而丰富提问的角度。

本章呈现了五个活动：

在"思维导图促提问"活动中，学生围绕一个话题，借助思维导图展开丰富的联想，从而提出问题，发散思维，拓宽提问的思路；

创设贴近生活的情境开展"角色扮演提问"活动，让学生通过扮演不同的角色，站在不同的角度提出更丰富的问题；

为了鼓励学生从他人的问题中学习，我们开展"分类启发提问"活动，通过给问题分类的活动，学习他人提问的角度，从而丰富自己提问的角度；

"在比较中提问"活动是让学生观察两种或几种事物，发现它们之间的相同点和不同点，对比思考，提出自己的好奇或疑问；

"从一个问题开始"活动鼓励学生围绕一个内容提出问题，对所提出问题的思维过程进行反思，寻找从一个问题开始提出其他问题的角度和策略，使学生在面对问题时能够拓展思维，启发产生更多的问题。

6 思维导图促提问

思维导图是一种集图形与文字于一体，表达发散性思维的有效思维工具。思维导图可以帮助学生不断思考、发现与话题相关的角度，从而提出问题。这一活动可以帮助学生克服提问角度相对单一的困难。

下面以"围绕共享单车提问"为例，阐述这个活动是如何开展的。

⊚ 活动目标

打开提问的思路，丰富提问的角度。

活动流程

活动一
观看共享单车的图片，根据提问约定提出问题
▶ 唤醒学生的生活经验，明确提问要求，初步了解学生提问的情况。

活动二
在对比、分析中感受从多角度思考能提出更多的问题
▶ 引导学生关注提问的角度，初步感受丰富提问角度的必要性。

活动三
梳理提问角度，构建思维导图
▶ 借助思维导图梳理提问的角度，增强多角度提问的意识。

活动四
应用思维导图，从多角度提出更多的问题
▶ 应用思维导图促使学生进行发散性的思考，帮助学生从多角度进行提问。

活动设计

活动一 观看共享单车的图片，根据提问约定提出问题

　　课上，张老师先请学生观看一组有关共享单车的图片，（见下图）然后说："共享单车已经成为我们生活中经常使用的一种交通工具了。关于共享单车，你有什么好奇或者疑惑吗？把你的好奇和疑惑记录下来。在提出问题的时候，不要忘了我们提问的小约定（见下图《提问记录单》上半部分）呀，我们的提问时间是 5 分钟。"

提问记录单

提问约定：

1. 把问题表述清楚。

2. 对自己提出的问题暂不进行解答。

3. 提问过程中，暂不与他人交流问题，暂不评价他人提出的问题。

4. 多角度思考，尽量提出不同的问题。

我提出的问题是：

1. _____

2. _____

3. _____

师：尽可能多地提出关于共享单车的问题，把问题写在提问记录单上。（见左图）

策略吧

　　1. 准备好素材图片，唤醒学生的生活经验，激发学生的提问兴趣。

　　2. 可以和学生对提问进行"约定"。"提问约定"意在指引提问的方向，明确提问的要求。其中，暂不回答和评价问题的约定可以使学生将思维聚焦于发现和提出问题，排除干扰。

活动二 在对比、分析中感受从多角度思考能提出更多的问题

　　当学生完成提问活动后，张老师请学生们在小组内交流自己提出的问

题，并互相帮助，修改完善表述不清楚的问题。接着，张老师选取两组有代表性的问题进行展示。（见下图）

生1：

1. 共享单车怎么才能开锁？
2. 共享单车的锁和普通自行车的锁有区别吗？

生2：

1. 共享单车有多少个品牌？
2. 共享单车都可以停在什么地方？
3. 是不是所有共享单车都需要交押金？
4. 共享单车的大小都一样吗？
5. 共享单车的锁坏了怎么办？
6. 小学生可以骑共享单车吗？
7. 共享单车坏了后谁来修呢？
8. 不同品牌的共享单车收费标准一样吗？

师　观察这两位同学提出的问题，你有什么发现？

生3　我发现第一位同学只提出了2个问题，第二位同学提出了8个问题，她提出的问题可真多呀！

生4　第一位同学提出的2个问题都是关于车锁的。

生5　第二位同学提的问题有关于共享单车品牌的、收费的、车锁的，还有很多其他方面的问题，她考虑的角度比第一位同学多，所以提问的数量就多。

💡 **策略吧**

学生说不出提问角度时，教师可以组织学生提炼提问角度。

🔖 **小贴士**

教师在选择对比问题时要找典型作品，不仅要挑问题数量多的，而且要选提问角度丰富的。

　　通过比较和分析，学生已经初步感受到提问角度的重要性。接下来，就重点针对第二位学生所提问题的角度展开进一步的讨论。

活动三 梳理提问角度，构建思维导图 ·······················

> 师 第二位同学是从哪些角度对共享单车提问的呢？
>
> 生1 第5个问题"共享单车的锁坏了怎么办？"和第一位同学提的一样，都是从车锁这个角度提问的。
>
> 生2 第6个问题提的是有关谁能使用共享单车的问题，也就是从骑车人员的角度进行提问的。
>
> 生3 她还提出了关于共享单车品牌、收费和维修这些方面的问题。

💡 **策略吧**

通过对问题分类、寻找问题之间的联系，引导学生提炼提问角度。

张老师随着学生的发言，在黑板上围绕着共享单车的话题记录下提问的角度，逐渐呈现出具有发散结构的思维导图。（见下图）

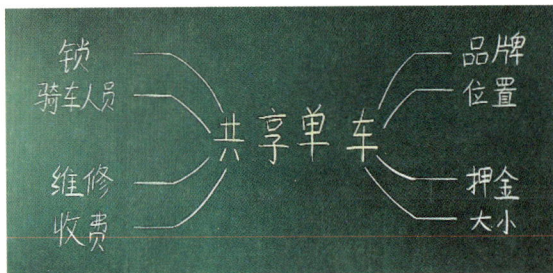

🔖 **小贴士**

为了提高学生的思维参与度，也可以发给学生一些卡片，让学生把发现的角度写下来，贴到黑板上。

当学生对问题进行分析，梳理出已有的提问角度后，思维导图被呈现出来。这时张老师进一步激发学生思考："还可以从哪些角度提问？能提出什么新问题呢？"

学生开始借助已有的生活经验和学习经验寻找新的提问角度进行提问。根据学生提出的新角度，黑板上的思维导图在不断展开，学生提出的问题越来越多。（见下页图）在这一过程中学生感受到每个角度都能提出一个或多个问题。张老师顺势向学生简单介绍思维导图。

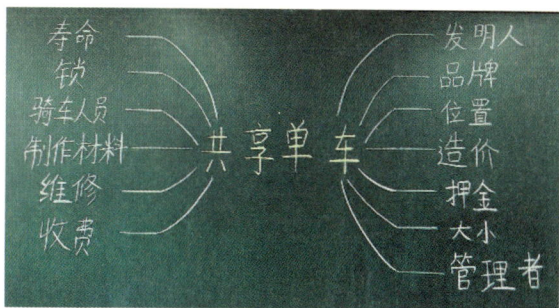

师 像这样的形式就是思维导图。请大家观察一下这幅图，说说你的感受。

生 我觉得这个图就像树干上长出许多枝杈。树干就是提问的主题，每个枝杈都是一个提问的角度。

师 这个图是思维导图的一种。从话题出发的线条都表示与话题有关的一个方面。我们想到这么多与共享单车有关的事情，这些给我们的提问提供了更多的角度。

活动四 应用思维导图，从多角度提出更多的问题

张老师从学生的问题中发现，大家对"共享单车车锁"这一话题比较感兴趣，提出的问题也比较多，所以在接下来的提问活动中，张老师转换了问题的焦点，鼓励学生针对"共享单车车锁"来提问。

小贴士

1. 可以在小组内开展提问活动，通过交流打开思路，丰富提问角度。

2. 可以先思考角度，再根据角度提问，也可以对已经出现的角度提出新的问题。

从尽可能多的角度提出关于"共享单车车锁"的问题，可以先利用思维导图梳理出提问角度，再把提出的问题写下来。（见下页图）

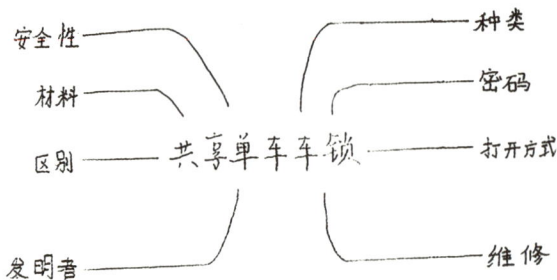

```
安全性 ——            —— 种类
材料 ——              —— 密码
区别 ——  共享单车车锁  —— 打开方式
发明者 ——            —— 维修
```

1. 共享单车都有几种不一样的锁？
2. 共享单车锁的密码会重复吗？
3. 共享单车锁的密码有规律吗？
4. 什么方式可以打开共享单车的锁？
5. 共享单车的锁坏了该怎么维修呢？
6. 共享单车的锁和普通自行车的锁有什么区别？
7. 共享单车的锁是用什么材料制作的？
8. 共享单车的锁会不会被别人打开？是否安全？
9. 谁发明了共享单车的锁？

师　头脑中想着这样的图，对你的提问有什么帮助呢？

生　借助思维导图，想出尽量多的提问角度，就可以提出更多的问题啦！

　　从今天提出的问题中选择一个或几个你感兴趣的问题，尝试研究解决。

🔄 策略回顾

01 思维导图的形式可以多样

　　思维导图的形式是多样的，可以根据活动目标、不同素材来选择。在上述活动中，学生围绕一个话题进行发散提问，拓宽提问角度，因此可以使用一个中心主题进行提问，形式可以参考下面的图。

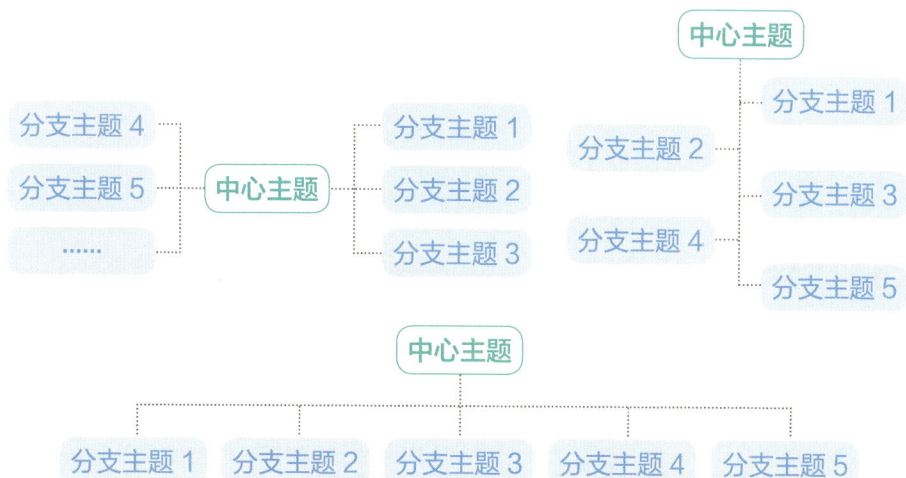

中心主题

分支主题 4　　　　　　　　　　分支主题 1　　　　　　　　　　分支主题 1

分支主题 5　　中心主题　　　　分支主题 2　　分支主题 2　　分支主题 3

……　　　　　　　　　　　　分支主题 3　　分支主题 4　　分支主题 5

中心主题

分支主题 1　　分支主题 2　　分支主题 3　　分支主题 4　　分支主题 5

如果想由某一个提问角度再进行发散性思考，由原来的问题延展出新问题，就可以像下图这样在思维导图的某一个分支主题上进行不断扩充。

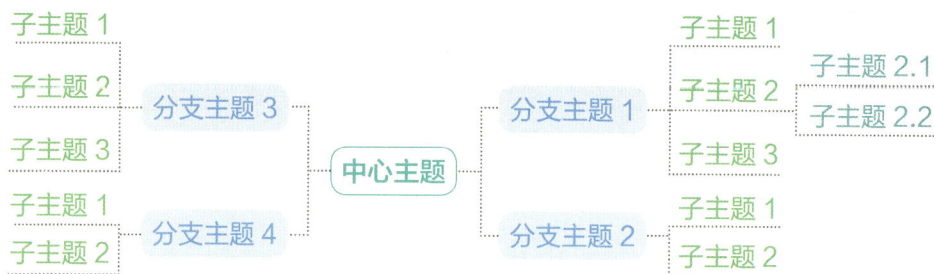

子主题 1　　　　　　　　　　　　　　　　　子主题 1

子主题 2　　分支主题 3　　　　　　　　分支主题 1　　子主题 2　　子主题 2.1

子主题 3　　　　　　　　　　　　　　　　　　　　　　子主题 2.2

子主题 1　　　　　　中心主题　　　　　　　　　子主题 3

子主题 2　　分支主题 4　　　　　　　　分支主题 2　　子主题 1

子主题 2

02 给予必要的支持和引导

由于对话题的理解和提问水平存在差异，当学生出现不能提炼提问角度，或提不出新角度等情况时，教师要给予必要的支持。当学生提问角度丰富的时候，教师也要组织学生反思提问角度产生的过程。（见下页表）

学生出现的情况	教师的作用	教师的引导策略
当学生不能提炼已有问题的提问角度时	启发、引导学生	① 引导对问题进行分类。比如问：大家能不能给这些问题分分类？ ② 引导找出问题间的联系。比如问：这个问题和哪个问题有联系？ ③ 提示某一问题的角度。比如问：哪些问题是关于共享单车停放位置的？
当学生找不到提问新角度时	引导学生思考	① 引导学生再次观察图片，展开联想。 ② 引导学生联系生活经验再次思考。 ③ 教师提示角度。
当学生提问角度更多时	引导学生反思角度产生的思维过程	① 积极评价。 ② 促进反思。比如问：这位同学是怎么想到这么多角度的？ ③ 总结提问策略。

03 开展"思维导图促提问"活动的时间建议

上述案例中的活动用时 40 分钟，可分为两个活动单元进行。其中，活动一和活动二为一个活动单元，用时 20 分钟；活动三和活动四为一个活动单元，用时 20 分钟。

"思维导图促提问"活动可以在中、高年级开展，上面的案例是在四年级进行的。教师可根据学生的认知基础和生活经验选择适当的话题。但是要注意，如果想进行发散性提问训练，那么所选取的素材本身就应当角度丰富，便于学生进行多角度提问。

课后，教师可以鼓励学生查阅相关资料，加深对话题的了解，这样有助于产生新的提问角度。还可以请学生把感兴趣的话题记录到自己的问题本上，选择一个问题进行研究并解决，在不断思考、解决问题中继续发现新的提问角度。

7 角色扮演提问

　　"角色扮演提问"是指学生在具体情境中扮演不同的角色，并根据所扮演的角色，把自己的思考、疑问以及感兴趣的内容变成问题提出来。这一活动可以帮助学生解决不知道该从哪个角度进行提问，以及提出的问题角度单一的问题。

下面以"苹果丰收"为例，来阐述活动是如何开展的。

◎ 活动目标

通过扮演不同的角色，站在不同的角度提问，丰富提问角度。

🔗 活动流程

活动一
结合情境，感悟不同角色的提问

▶ 创设情境，引导学生根据情境提问，初步感悟不同角色的提问。

活动二
借助情境，在角色扮演中提问

▶ 引导学生感受不同的身份会有不同的思考，提问题的思路也会不同，尝试多角度提问。

活动三
解决问题，激发学生提出新问题

▶ 引导学生体会解决问题是提出新问题的很好的方法。

📋 活动设计

活动一 结合情境，感悟不同角色的提问 ··

上课伊始，谢老师引导学生观察图片：果园里的苹果丰收了，看到这样的情境，你能提出什么问题？（见下图）

> 💡 **策略吧**
>
> 创设一个学生熟悉的情境，有利于激发学生提问的兴趣。

学生通过思考、交流提出了很多问题，谢老师把学生的问题记录在黑板上。（见下图）

1. 这一大堆苹果有多少千克？
2. 这一大堆苹果需要多少人、多长时间才能采摘下来？
3. 一棵苹果树上有多少个苹果？
4. 果园一共有多少棵树？
5. 一棵树产多少千克苹果？
6. 整个果园的苹果一共能卖多少元？
7. 一箱能装多少个苹果？
8. 一箱苹果有多少千克？
9. 一箱苹果多少元？
10. 种一棵树要占地多少平方米？
11. 如果我是一名分拣员，我每小时可以分拣多少个苹果？
12. 如果我要运输这些苹果，需要注意什么？
13. 我运送一车苹果可以挣多少钱？

在提出这些问题的基础上，谢老师引导学生进行深入思考："这些问题分别是哪些人可能关心的？"

生1 "这一大堆苹果需要多少人、多长时间才能采摘下来？"和"整个果园的苹果一共能卖多少元？"这两个问题可能是果农关心的。

生2 "如果我是一名分拣员，我每小时可以分拣多少个苹果？"这个问题和其他的不太一样，是从分拣员的角度提出来的。

生3 "如果我要运输这些苹果，需要注意什么？"和"我运送一车苹果可以挣多少钱？"这两个问题是从运输员的角度提出来的。

师 我们可以从不同角色的角度提出问题，角色不同，思考的方向可能不同。

活动二 借助情境，在角色扮演中提问

谢老师继续引发学生思考："面对这个情境，我们可以从哪些不同的角色出发提出问题呢？"学生想到了如下角色：

果农、摘苹果的人、分拣员、运输者、参观果园的人、仓库管理员、苹果研究人员

💡 **策略吧**

丰富学生的角色意识，为多角度提出问题提供可能。

在此基础上，教师鼓励大家找到自己喜欢的角色并进行提问。学生认领了不同的角色，分别提出了很多不同的问题。（见下页图）

生 1

我是果农：
1. 一棵果树大约能结多少斤苹果？
2. 苹果能卖多少钱一斤？

生 2

我是摘苹果的人：
1. 一天能摘多少个苹果？
2. 这些苹果需要摘多少天？
3. 高处的苹果怎样可以摘得到？

生 3

我是游客：
1. 今年的苹果好不好吃？
2. 果园里有哪些品种的苹果？
3. 每个品种的苹果多少钱一斤？

生 4

我是一名苹果研究员：
1. 这些苹果含有哪些营养呢？
2. 这里产的苹果有什么独特之处吗？

生 5

我是一名仓库管理员：
1. 这些苹果都放到仓库中，需要多大的面积呢！
2. 如果都用纸箱装，需要多少纸箱呢！

生 6

我是一名运输员：
1. 运送一车苹果可以赚多少钱？
2. 一天可以运送多少千克苹果呢？
3. 一天运多少趟？

生 7

我是一名苹果分拣员：
1. 一等苹果能达到总数的一半吗？
2. 如何提高分拣的速度呢？

💡 策略吧

通过联想，想到其他的角色，并提出问题。

📎 小贴士

学生间互相交流，会使思路更开阔。

学生能够根据不同角色从多角度提出问题，教师及时给予肯定。

活动三 解决问题，激发学生提出新问题

面对这么多的问题，谢老师鼓励学生解决问题："请同学们挑选一个自己感兴趣的问题解决一下，在解决的过程中看看有没有新的思考。"

生1

我关注的是包装问题
一个特级苹果大约300克
10千克 = 10000克
10000 ÷ 300 ≈ 33 (个)
答:一个标准纸箱可以装 特级苹果33个左右。
一个一级苹果大约250克
10000 ÷ 250 = 40 (个)
答:一个标准纸箱可以装 一级苹果40个左右。

我又想到的问题是:
苹果如何分等级?
如何增加特级果?
包装箱多厚合适?

生2

我研究的是一个人一天共摘多少个苹果?
首先,我统计了6名摘苹果人员每分钟摘苹果的个数
如下表:

摘果人员编码	1	2	3	4	5	6
个数/分钟	10	12	6	8	5	7

计算平均数:(10+12+6+8+5+7)÷6 = 8(个)
通过观察发现:一匡苹果能装40个,摘要5分钟,
运到分拣处一般也要5分钟,那么,摘一匡苹果就
要10分钟。
1小时可以摘:40×(60÷10) = 240(个)
一天工作10小时,可以摘:240×10 = 2400(个)
我又想到的问题是:1. 怎样可以提高摘苹果的速度?
2. 设计什么样的"摘苹果神器"可
以帮助摘苹果呢?

策略吧

预留充足的时间
解决问题,利于学生
深入地想下去。

⟳ 策略回顾

01 通过多种活动丰富学生的角色意识,引导学生提出问题

角色扮演提问,可以丰富学生提问的角度,扩大学生提问的空间。本话题通过创设一系列的活动,如先鼓励学生提出问题,通过教师引导学生思考这些问题是什么角色提出的,使学生初步有了角色意识;然后启发学生可以从哪些角色的角度提问题,丰富学生提问的角度,打开学生的思维;最后引导学生通过解决问题深入思考,提出更丰富的问题。

02 给予必要的支持和引导

在提问时,学生的提问往往没有角色意识,或是有了角色意识,但问题不够丰富,这时就需要教师提醒学生,可以根据不同的角色进行提问,使问题变得丰富。当学生能够根据不同的角色提出丰富的问题时,教师要引领其他同学思考这个学生提出问题的方法和思路。

学生出现的情况	教师的作用	教师的引导策略
没有角色意识提问题	采用支持性、启发性问题，引导学生认识角色的不同，思考、提出问题的角度也不同	① 提出支持性问题。比如问：这些问题你们觉得是什么角色提出的？ ② 提出启发性问题。比如问：还可以从哪些角色的角度提问题？
有角色意识，问题不丰富	引导学生扮演不同的角色进行提问	① 交流，开阔思维。比如问：同一个角色，大家提出了哪些不同的问题？ ② 实际扮演多种角色。比如问：我们来扮演一下，如果你是……，你会关心哪些问题？ ③ 解决问题引发思考。 比如问：在解决问题的过程中，大家有没有新的思考？
根据不同角色提出了丰富的问题	引导学生明晰提出问题的方法	① 积极评价。比如问：同学们的这些问题真好，请大家回忆，我们是如何想到这些问题的呢？ ② 引导思考。比如问：和之前比，我们的问题丰富多了，问题是如何变多的呢？

03 开展"角色扮演提问"活动的时间建议

进行"角色扮演提问"活动，时间可长可短。由于情境不同，学生所要经历的过程也不完全相同，所以时间也不完全一样。一般要经历三个过程，第一，在情境中进行提问，这个活动一般是 20 分钟，包括交流的时间。第二，进行角色扮演提问，这个活动一般是 40 分钟，包括交流活动。如果是多次扮演不同的角色，时间就会相应地长一些。第三，尝试解决问题并进行反思，时间可以是 20 分钟。

"角色扮演提问"活动适合各个年级，本案例是在六年级开展的。其他年级可以根据学生的不同年龄，选取不同的情境开展这样的提问活动，也可以把相同的情境放到不同的年级中开展。

8 分类启发提问

"分类启发提问"是指通过对提出的问题进行分类，明晰并丰富提问的角度。这一活动可以帮助学生解决提问系统性不强、角度单一的问题。

下面以"拼摆智方翻翻乐"为例，阐述活动是如何开展的。

🎯 活动目标

学习他人提出问题的角度，在与他人交流中受到启发并提出新问题。

⛓ 活动流程

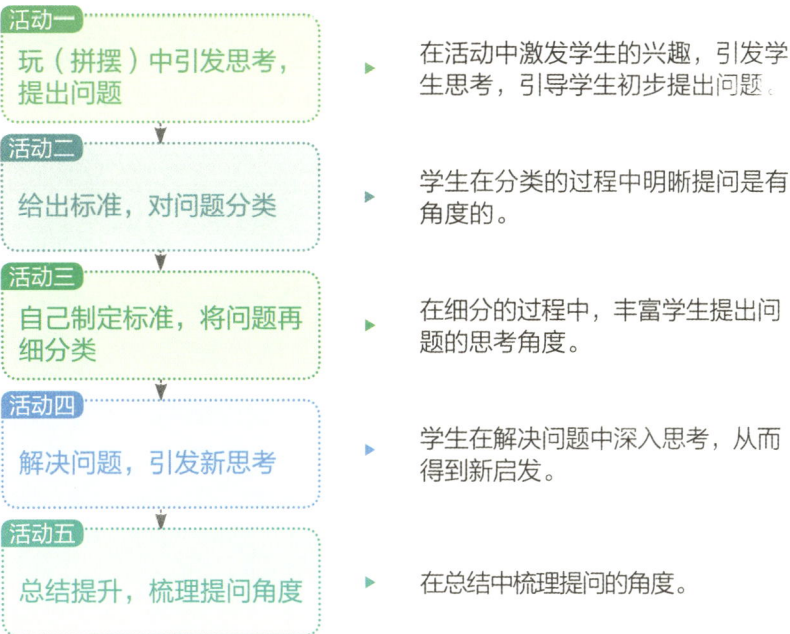

活动一 玩（拼摆）中引发思考，提出问题	在活动中激发学生的兴趣，引发学生思考，引导学生初步提出问题。
活动二 给出标准，对问题分类	学生在分类的过程中明晰提问是有角度的。
活动三 自己制定标准，将问题再细分类	在细分的过程中，丰富学生提出问题的思考角度。
活动四 解决问题，引发新思考	学生在解决问题中深入思考，从而得到新启发。
活动五 总结提升，梳理提问角度	在总结中梳理提问的角度。

🔲 活动设计

♻ 学具说明　智方翻翻乐

此学具介绍见第 19 页。如果没有此学具，也可以自己制作小正方体，画出不同面，当然，也可以直接用各种平面图形拼摆或画一画。

活动一　玩（拼摆）中引发思考，提出问题

上课伊始，肖老师拿出一套智方翻翻乐学具，对学生说："每个小组都有一套智方翻翻乐学具，你们是不是很好奇这个学具怎么玩？拿出来玩一玩吧。"这句话一下子激起了学生"玩"的兴趣，在大家充满期待的氛围中，肖老师提出了下面的活动建议。

师　请你分别用 2 块和 4 块学具拼出规则图形，在拼的过程中思考：你能提出什么问题？请填写学习单。（见下图）

学习单

我用 2 块拼出了	我用 4 块拼出了
我想到的问题是	

学生分别用2块和4块学具拼出了各种图形，并在学习单上进行了记录。（见下图）

我用2块拼出了	我用4块拼出了

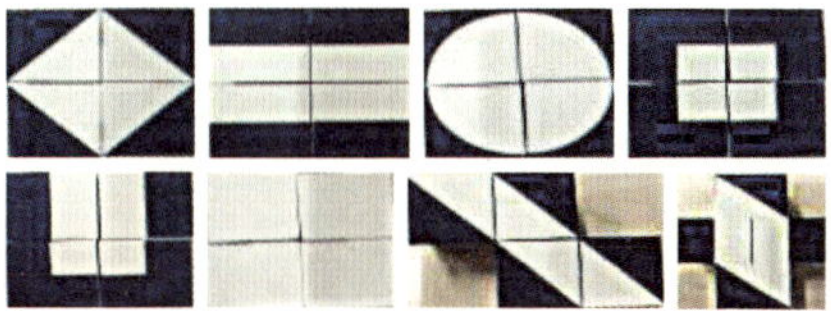

我想到的问题是

问题1：为什么4块拼出来的图形比2块少？
问题2：8块能拼多少种图形？
问题3：为什么4块拼不成三角形？
问题4：10块能拼成多少种图形？
问题5：为什么每一种图形都有很多种样子？
……

小贴士

玩是孩子的天性，在玩中思考，在玩中提问，有利于激发学生的思维，提出想研究的问题。

活动二 给出标准，对问题分类

问题提出来之后怎么办？学生提出可以整理一下这些问题，像整理衣柜一样，给它们分分类。顺着学生分类的想法，老师提出了活动建议：

师　请将这些问题按照原因类和结果类分一分，并请填写学习单。（见下页图）

原因类问题	结果类问题

策略吧

在学生初次接触此活动时，教师可以给出分类标准，鼓励学生根据标准进行分类。

学生先独立思考，又进行了同伴交流，最后将问题按照指定的标准进行了分类。（见下图）

原因类问题	结果类问题
1. 为什么4块拼出来的图形比2块拼出来的图形少？ 2. 为什么用4块拼不成三角形？ 3. 为什么每一种图形都有很多种样子？	1. 用8块能拼多少种图形？ 2. 用10块能拼多少种图形？ 3. 用4块拼梯形有多少种拼法？ 4. 用几块能拼成三角形？ 5. 用几个三角形能拼成平行四边形？ 6. 用几个正方形可以拼成一个长方形？ 7. 用4块还能拼成什么图形？

活动三 自己制定标准，将问题再细分类

当结果类的问题越来越多时，肖老师提出进一步的活动建议："请你自己制定标准，将结果类问题再分分类。"

生1　我按照用学具块数分，将所用块数相同的问题分成一类，分成4块类、8块类、10块类，等等。

生2　我按照所拼成的图形分，分成能拼成哪种图形类和拼图形有多少种拼法类。

生3　我理解了你的想法，那我们把你的分类简单地说成拼图形状类和拼法类。

当学生的思路越来越开阔时，肖老师说："刚才同学们提到的分类的角度，哪一个是你没想到的？你能根据你没想到的这个角度提出新问题吗？"

生1　我没想到还可以从拼图形状角度分类。现在从这个角度我可以提一个问题：用扇形除了能拼成圆以外，还能拼出什么图形？

💡策略吧

启发学生再分类，提出新问题。

生2　我没想到从学具块数的角度提问题。从这个角度我想到了一个问题：用12块能拼成多少种图形？

活动四 解决问题，引发新思考

在丰富提问角度后，肖老师鼓励学生尝试解决问题：请你动手拼一拼，边拼边思考如何解决"用几块能拼成三角形？"这个问题。

生1　我尝试拼了三角形。我以2块为基础拼出了三角形；在2块下面加一行，加了4块，又是一个三角形；再加一行6块，又是一个三角形。我发现了规律，拼三角形块数的规律是2+4+6+8+……（见下图）。

生2　我用3块拼出了三角形；加一行，加3块，还能拼出三角形；再加一行，加4块，能拼成三角形；再加一行，加5块也能拼成三角形。就这样一直加下去。我也发现了规律，拼三角形块数的规律是3+3+4+5+6+……。（见下页图）

师　多会思考啊！同学们通过实践，找到了解决问题的方法，我们不仅会提出问题，还能够解决问题。

活动五 总结提升，梳理提问角度

在解决问题后，肖老师带领学生回忆并梳理本节课的提问角度："梳理一下，我们都找到了哪些提问角度？"（结果见下图）

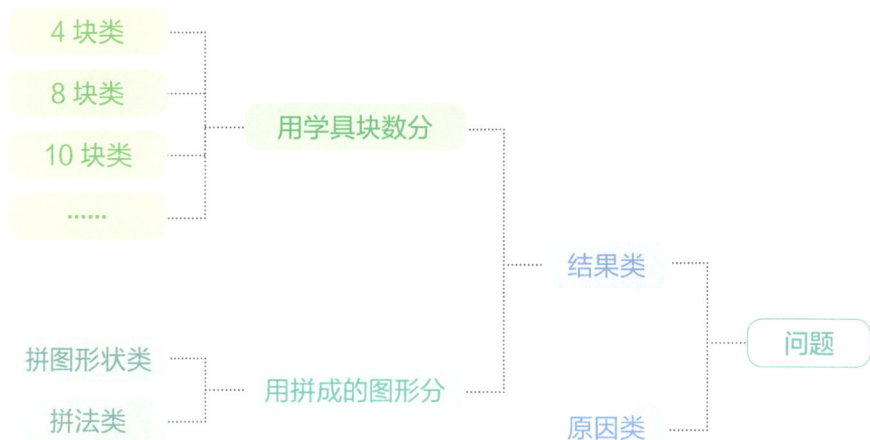

师　根据你们现在的认识，我们还可以从哪些新角度提出问题？回去试一试吧。

01 创设分类活动，明晰并丰富分类角度

　　面对学生提出的问题，教师创设了两次鼓励问题分类的活动：第一次分类活动，是教师给出分类标准，学生根据分类标准进行分类；第二次分类活动，是由学生自主制定分类标准，将结果类问题再细分。这样设计的目的就是帮助学生在不断认识标准、选择标准的过程中，将零散的问题条理化，从而清晰分类的角度，丰富提问的角度。

02 给予必要的支持和引导

　　在分类启发新问题的过程中，有些学生会出现分类意识不强、分类后没有提出新问题等情况，教师可以根据不同的情况及时地给予必要支持和有效引导。当学生能够多角度提问时，教师也要鼓励学生分享提问的思维过程。

学生出现的情况	教师的作用	教师的引导策略
面对提出的问题，分类意识不强	给出分类标准	① 启发提示。比如问：面对这么多的问题，我们可以怎么整理呢？ ② 给出分类标准。比如说：请你将这些问题按照原因类和结果类分一分。
分类后没有新启发	鼓励学生再分类	① 启发再分类。比如问：你能给结果类的问题再分分类吗？ ② 鼓励联想。比如问：哪个角度是你没有想到的？
分类后能够提出新问题	引导学生梳理提问角度，并进行新的提问	① 梳理提问角度。比如问：梳理一下，我们都找到了哪些提问角度？ ② 提出新问题。比如问：我们还可以从哪些新角度提出新问题？

03 开展"分类启发提问"活动的时间建议

"分类启发提问"活动的时间可根据实际活动设计。上述案例中的活动用时 60 分钟，可分为三个活动单元进行。其中活动一和活动二为一个活动单元，用时 20 分钟，给学生充足的时间提出问题，并给出标准进行分类，在分类中感受提问是有角度的。活动三为一个活动单元，用时 20 分钟。活动四和活动五为一个活动单元，用时 20 分钟。教师丰富提问角度，学生获得新启发，如果学生能够多角度提问，也可以在课下将受到新启发后提出问题的活动继续开展下去。

"分类启发提问"活动在中、高年级都可以开展，以智方翻翻乐学具为活动工具，学生的思维比较活跃，得到的新启发较多，能从多角度提出问题，教师可以根据年级的需求更换活动学习材料或情境。

9 在比较中提问

"在比较中提问"是通过比较、发现事物之间的异同及相互关系提出问题。这一活动能够解决学生不能从联系的角度去发现和提出问题的难题，克服学生提问角度不丰富的困难。

下面以"对平面图形进行比较提问"为例，阐述活动是如何开展的。

🎯 活动目标

通过对事物的观察与比较，能发现事物之间的相同点和不同点，从联系的角度提出想研究的问题，丰富提问策略。

活动流程

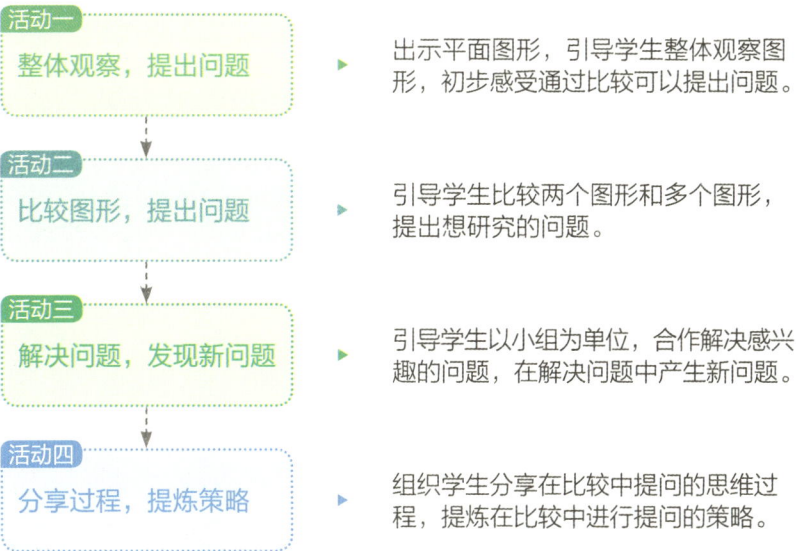

活动一 整体观察，提出问题	▶	出示平面图形，引导学生整体观察图形，初步感受通过比较可以提出问题。
活动二 比较图形，提出问题	▶	引导学生比较两个图形和多个图形，提出想研究的问题。
活动三 解决问题，发现新问题	▶	引导学生以小组为单位，合作解决感兴趣的问题，在解决问题中产生新问题。
活动四 分享过程，提炼策略	▶	组织学生分享在比较中提问的思维过程，提炼在比较中进行提问的策略。

📖 活动设计

活动一 整体观察，提出问题

　　一上课，杨老师在黑板上出示了几个平面图形（见右图），鼓励学生提问："这是我们已经研究过的平面图形，看到这些图形，你能提出哪些问题？"

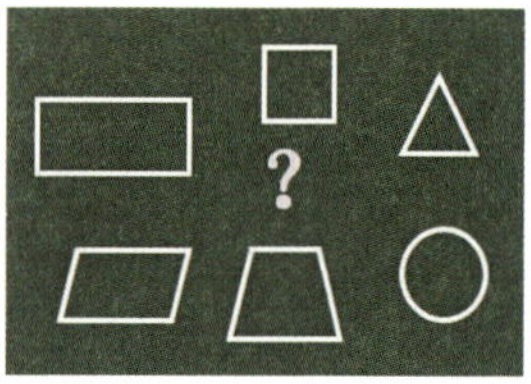

生1　圆在生活中有哪些用途？

生2　平行四边形和梯形都是四边形，为什么它们计算面积的方法不同呢？

生3　我们在学习梯形面积时，是转化成平行四边形学习的，转化成其他图形可以吗？

师　同学们提出的问题真好，请大家看第三个同学提出的问题，和其他两个同学提出问题的角度有什么不一样呢？

> 💡 **策略吧**
> 学生通过对比三个问题，体验在比较中提出问题的方法。

生4　这个同学把平行四边形和梯形进行比较，通过比较提出了问题。

活动二 比较图形，提出问题

　　学生知道了通过对两个图形进行比较可以提出问题，杨老师继续引导学生进行思考："想一想，我们可以从哪些角度来比较两个图形，就能提出新的问题呢？"

生1　我比较了三角形和平行四边形的特性，提出的问题是：为什么三角形增加了一条边却变得不稳定了呢？

生2　我比较了三角形和梯形，我想到的问题是：在计算它们的面积时用的方法有什么相同点吗？

生3　我比较了三角形和梯形，想到的问题是：一个是三边形，一个是四边形，为什么它们计算面积时都要除以2呢？

生4　我比较了圆和正方形，我想到的问题是：圆和正方形，哪种图形在生活中的用途更多呢？

💡策略吧
抓住事物的相同点和不同点进行比较。

通过抓住两种图形之间的相同点和不同点，学生又提出了这么多有价值的问题。在此基础上，杨老师继续引导学生提问："只能比较两个图形吗？如果把多个图形放在一起比较，大家又会提出什么问题？"

学生提出以下问题。（见下图）

1. 我把长方形、正方形、平行四边形和梯形放在一起进行比较，想到的问题是：在长方形、正方形、平行四边形和梯形中画最大的三角形，面积是不是都是原来图形面积的一半呢？

2. 我比较了所有学过的平面图形，想到了：周长一定的时候，哪个图形面积最小呢？

3. 我比较了所有的直边图形，在学习这些图形时，我都研究了面积，那么它们有没有一个共同的计算面积的方法？

4. 我比较了三角形和长方形，发现它们的内角和都和180度有关，其他的图形的内角和也和180度有关吗？如果有，有什么关系呢？
……

💡策略吧
拓展比较对象的数量，根据对象之间的关系，提出更多的问题。

活动三　解决问题，发现新问题

面对这么多问题，杨老师请学生以小组为单位挑选一个自己感兴趣的问题解决，在解决问题的过程中看看又发现了哪些有价值的问题。下面是其中一个小组解决问题的过程（解决的是第一个问题，见下图）。

1 号组员：

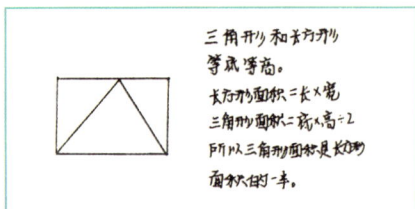

三角形和长方形等底等高。
长方形面积=长×宽
三角形面积=底×高÷2
所以三角形面积是长方形面积的一半。

2 号组员：

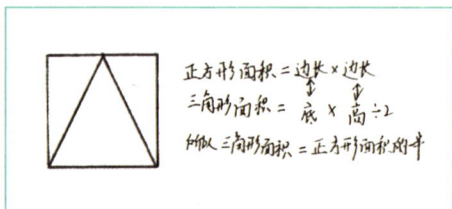

正方形面积=边长×边长
三角形面积=底×高÷2
所以三角形面积=正方形面积的一半

3 号组员：

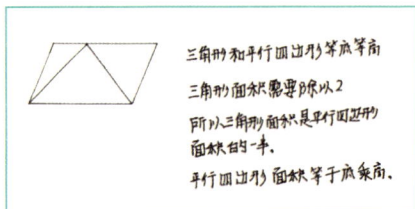

三角形和平行四边形等底等高
三角形面积需要除以2
所以三角形面积是平行四边形面积的一半。
平行四边形面积等于底乘高。

4 号组员：

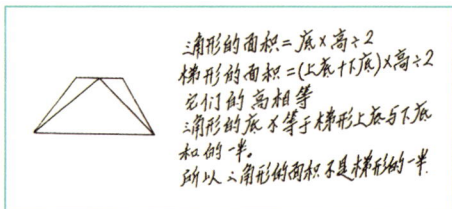

三角形的面积=底×高÷2
梯形的面积=(上底+下底)×高÷2
它们的高相等
梯形的底不等于梯形上底与下底和的一半
所以三角形的面积不是梯形的一半

生 1　我们提出的新问题是：什么样的图形中画出的最大三角形面积是原来图形面积的一半？

> 🔆 **策略吧**
>
> 在解决问题中，将问题引向丰富和深入。

活动四　分享过程，提炼策略

在比较图形的过程中，学生提出了很多有价值的问题，并在解决问题的过程中，对图形有了更深的认识，产生了新问题。杨老师继续引导学生分享："大家来说说你们是怎么想到这些问题的。"

生 1　我把两个图形进行比较。我比的是三角形和梯形，比较了它们的周长或面积的计算方法，看看它们的方法哪里相同，哪里不同，就能提出新的问题。

生 2　我也是这样想的，只是我比较的是多个图形，比如我想到了这些图形的内角和是不是都和180°有关，然后从它们相同的地方出发就可以提出问题。

师　是啊，对同一类事物我们既可以比较它们相同的地方，又可以比较它们不同的地方，根据它们的相同点和不同点提出问题。

> 💡 策略吧
>
> 总结提问的思维过程，形成提出问题的策略。

🔄 策略回顾

01 设计比较活动，丰富提问角度

在比较中提问，首先要给学生提供两个或两个以上的事物作为提问的素材，然后找到素材间的关系，并通过对关系的思考和分析提出问题。本节课提供了丰富的比较素材，首先在辨析中引导学生明晰在比较中提问就是要抓住事物之间的关系，然后进行比较，从而提出问题。然后拓展进行多个对象的比较，提出更多的问题。最后在解决问题的过程中，引发学生继续思考，将问题引向深入。

02 给予必要的支持和引导

在开展此活动时，学生可能没有意识到可以从比较的角度提出问题，有时也会出现提问的角度不够丰富的现象，这时需要教师及时地给予必要支持和有效引导。如果学生已经提出了有价值的问题，教师要引导学生明晰提出问题的方法和策略。

学生出现的情况	教师的作用	教师的引导策略
没有意识到通过比较可以提出问题	分析学生的问题，引导学生感受什么叫在比较中提问	① 提示分析问题。比如问：请大家看第三位同学提出的问题，和其他两位同学提出问题的角度有什么不一样？ ② 提示提问角度。比如问：大家能像他一样，通过比较图形之间的相同点和不同点提出问题吗？
能运用比较的方法提出问题，但提出的问题不够丰富	引导学生拓展比较对象的角度或比较对象的数量	① 拓展比较对象的角度。想一想，我们可以从哪些角度来比较两个图形？ ② 选择多个对象进行比较。比如问：只能比较两个图形吗？如果把多个图形放在一起比较，大家又会有什么问题呢？ ③ 在解决问题中继续思考。比如说：请同学们以小组为单位挑选一个感兴趣的问题并尝试解决，在解决问题的过程中看看又发现了哪些有价值的问题。
提出了有价值的问题	引导学生解决问题并明晰提出问题的方法	① 分享提问的思考过程。比如说：通过对图形的比较，同学们提出了这么多问题，请大家说说你是怎么想到这些问题的。 ② 总结方法。比如说：对同一类事物我们可以比较它们的相同点和不同点，然后提出问题。

03 开展"在比较中提问"活动的时间建议

"在比较中提问"活动的时间要根据具体对象灵活调整，上述案例中的活动用时 40 分钟。其中，第一个活动和第二个活动可以为一个活动单元，用时 20 分钟；第三个活动和第四个活动为一个活动单元，用时 20 分钟。

"在比较中提问"活动适用年级不受限制，在一年级至六年级都可以开展，本案例是在五年级开展的。教学中，教师可根据学习内容随时引导学生学习通过比较提出问题并解决问题。

10 从一个问题开始

"从一个问题开始"活动是通过对以往研究过的数学问题（基本问题）的分析和拓展思考，提出更多的问题。这一活动可以帮助学生克服思维不能持续进行、提出的问题比较单一的困难。

下面以"小数乘法的问题"为例，阐述这个活动是如何开展的。

◎ 活动目标

从一个基本问题开始，变换提问的角度，多角度思考，从而提出更丰富的问题。

活动流程

活动一
呈现数学问题，回顾问题产生的思维过程
▶ 分享问题产生的思维过程，初步感受从一个问题开始，从不同角度思考，提出更多问题。

活动二
感受问题形成的脉络，梳理提出问题的角度
▶ 梳理提出问题的角度，体会思考角度与基本问题的联系。初步明确从一个问题开始，可以从哪些角度思考提出问题。

活动三
从一个问题开始，多角度思考，提出更多问题
▶ 以"圆的面积怎么计算"为基本问题，组织学生开展提问活动，初步运用多角度思考提问的策略，提出更多的问题。

活动四
分享提问过程，进一步感受多角度提问的策略
▶ 在分享提问的思维过程中，进一步感受从基本问题出发提出新问题的方法。

活动一 呈现数学问题，回顾问题产生的思维过程 ⋯⋯⋯⋯⋯⋯⋯⋯⋯⋯

一上课，苏老师首先在黑板上写出了一个小数乘法算式（见右图），然后对学生说："同学们，你们还记得这个算式

3.5×3=?

吗？这是我们在学习小数乘法时遇到的第一个问题。3.5×3等于多少呢？我们就是从这个算式开始了小数乘法计算的学习。在学习过程中，我们提出了很多对小数乘法的困惑、猜想或想要研究的问题。课前同学们对这些问题进行了整理，苏老师筛选了其中一些同学们觉得印象深刻的问题。"（见下图）

问题	如何想到这个问题
如何计算小数乘法？如果两个数都是小数，又该怎么计算呢？	
小数乘法能不能像整数乘法一样计算？	
小数乘法计算的道理是什么？	
在用竖式计算时为什么要末尾对齐，而不是小数点对齐？	
为什么乘一个比1小的数，积会越乘越小？	
小数乘法和整数乘法有什么联系？	

> 🖇 **小贴士**
>
> 提前做好活动准备：
> ①鼓励学生整理问题。
> ②筛选问题，准备印有问题的记录单。（见左图）

师　相信通过小数乘法的学习，你们都已经找到了问题的答案。请大家回想一下，当时我们是怎么提出这些问题的？你们是怎么想的呢？

生1　当我会计算3.5×3后，我就想知道其他的算式如何计算，所以就提出了"如何计算"的问题。

然后想到小数乘小数会比较困难，于是就提出了"如果两个数都是小数，又该怎么计算"的问题。

生2 我们学习过整数乘法，我就想："小数乘法能不能像整数乘法一样计算？"于是就提出了这个问题。

师 在小组内继续交流自己提出的问题，回想一下这个问题是在什么情况下提出来的，当时为什么要问这个问题，请把你的想法写在记录单上。

问题	如何想到这个问题
如何计算小数乘法？如果两个数都是小数，又该怎么计算呢？	小数乘整数我会算了，我就想知道小数乘小数又应该怎么算。
在用竖式计算时为什么要末尾对齐，而不是小数点对齐？	在计算小数加减法时是小数点对齐，我想知道乘法为什么要尾对齐，而不是小数点对齐。
为什么乘一个比1小的数，积会越乘越小？	在整数乘法中，因数乘因数，越乘积越大。而我在计算小数乘法时，发现因数乘一个比1小的数，越乘积越小，我想知道这是为什么。
小数乘法和整数乘法有什么联系？	我们已经学了整数乘法，我想知道小数乘法与整数乘法的联系与区别。

策略吧
回忆问题提出的思维过程，有助于学生提炼提问的方法和策略，感受提问的思考角度。

活动二 感受问题形成的脉络，梳理提出问题的角度

通过前一个活动，学生回顾了这些问题产生的思维过程。接下来，苏老师继续带领学生对这些问题的思考角度做进一步的讨论和梳理。

生1 我认为"如果两个数都是小数，又该怎么计算呢？"这个问题是围绕小数乘法的计算方法提出的。我们不能只会计算这道题，还要会计算所有的小数乘法。

生2 "小数乘法计算的道理是什么？"这个问题是想知道这样计算的原因，知其然还要知其所以然。

师 其实我们在面对计算时，最常研究的就是"怎么算"和"这样算的道理是什么"，就像同学们说的，要找到能计算出所有小数乘法的方法，还要知道背后的道理。

接着，苏老师继续带领学生梳理其他问题提出的角度。有学生说"小数乘法和整数乘法有什么联系？"是从新知识和旧知识之间有什么联系的角度提出的；有学生说"小数乘法能不能像整数乘法一样计算？"这个问题也是想到了旧知识提出的；还有学生说"在用竖式计算时为什么要末尾对齐，而不是小数点对齐？"是比较了小数乘法和小数加减法列竖式方法的不同点提出的……

通过上面的交流，学生逐渐对"从一个问题开始"所提出的这些问题的提问角度有了比较明确的认识。苏老师随着学生的梳理和分析，把这些提问角度写在了黑板上。(见下图)

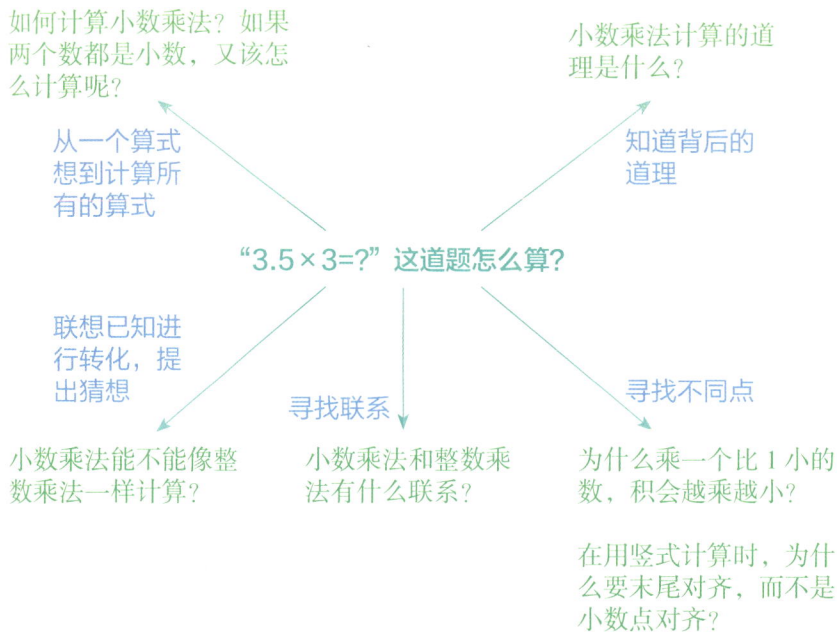

> 💡 **策略吧**
>
> 梳理从一个问题开始的思路，可以帮助学生提炼提问的角度。

如何计算小数乘法？如果两个数都是小数，又该怎么计算呢？

小数乘法计算的道理是什么？

从一个算式想到计算所有的算式

知道背后的道理

"3.5×3=？"这道题怎么算？

联想已知进行转化，提出猜想

寻找联系

寻找不同点

小数乘法能不能像整数乘法一样计算？

小数乘法和整数乘法有什么联系？

为什么乘一个比 1 小的数，积会越乘越小？

在用竖式计算时，为什么要末尾对齐，而不是小数点对齐？

从一个问题开始，多角度思考，提出更多问题 ....

通过以上的回顾与梳理，学生对于从一个问题开始，从不同角度思考可以提出更多问题有了一定的感受，苏老师组织学生开始实践。

她在黑板上贴出"圆的面积怎么算？"，然后说："在学习了多边形面积单元的知识后，有的同学提出了这样一个问题——圆的面积怎么算？请同学们围绕这个问题，从不同的角度，尽可能多地提出问题。提问的时间为 5 分钟，提问过程中，要遵守我们的提问约定（见下图）。"

提问记录单

提问约定

把问题表述清楚。

对自己提出的问题暂不进行解答。

提问过程中，暂不与他人交流问题，暂不评价他人提出的问题。

多角度思考，提出尽量不同的问题。

我提出的问题是：

1. _____
2. _____
3. _____

小贴士

给学生充足的时间和充分的空间，鼓励学生提问。可以采用先个人提问，再组内交流的活动方式。

学生按照活动要求，从"圆的面积怎么算"这个问题出发，进行多角度的提问。个人提问结束后，苏老师组织学生分享自己提出的问题，并将问题记录在黑板上。

圆的面积怎么算？

圆的面积公式是什么？

圆是由曲线围成的图形，怎样推导出圆的面积公式呢？

圆能转化成学过的图形计算面积吗？

还能用数格子的方法求出圆的面积吗？

能用推导平行四边形面积的方法推导圆的面积公式吗？

推导圆面积的计算方法和平行四边形、三角形、梯形的方法有什么相同的地方和不同的地方？

提问活动结束后，苏老师组织学生分享、交流提问的过程。苏老师说："同学们，你们是怎样从一个问题开始，提出这么多问题的？都是从哪些角度进行思考提出问题的？"

生1　我们研究面积计算的时候，都要研究面积公式是怎么推导出来的。所以我就提出了"怎样推导出圆的面积公式呢？"这个问题，我想知道公式背后的道理。

生2　我联想到前面用过数方格的方法求平面图形的面积，圆也是平面图形，我就想："还能用数格子的方法求出圆的面积吗？"

生3　我们前面在推导多边形的面积时都是转化成学过的图形，我猜想圆是不是也能转化成以前学过的图形呢？于是就提出了"圆能转化成学过的图形计算面积吗？"这个问题。

苏老师对学生分享的提问角度的交流活动进行了小结："同学们思考的角度很丰富，提出了很多的问题。有的是从一般性公式的角度提出的，有的结合旧知识想到方法是否能迁移，还有的同学从新旧知识的对比的角度提出问题，看来思考的角度越丰富，提出的问题也越多。"

看到学生对数格子的方法很感兴趣，苏老师提出让学生尝试运用数格子的方法求圆的面积。（见右图）在解决问题的过程中，学生结合以往数格子求面积的经验，通过观察、想象和分析，又提出了下面的问题。

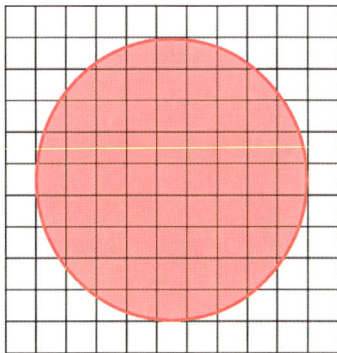

问：剩余不够一格的面积
该怎么计算呢？

圆的周长是弧线，怎样才能把多出来的面形拼成
一个完整的正方形？

不够1满格的地方与多出来的地方拼起来
算1个格，这样真的准吗？

可以把圆变成什么形状更容易求面积呢？

在"解决问题—再提问"的过程中，学生再次感受到从一个问题出发，通过实践、深入思考，还可以提出更多问题，从而加深了对多角度提问的认识。

⟳ 策略回顾

01 在梳理问题的过程中促进多角度思考

"从一个问题开始"活动是一个能够促使学生学会对问题多角度思考，进而提出更多、更丰富的问题的活动。首先，回顾以往学习中提出的一些数学问题，通过分享问题产生的思维过程，形成了由基本问题出发多角度思考的认识。接着，组织学生开展基于新的基本问题，多角度思考提问的活动，在实践中对习得的提问角度、方法和策略进行巩固、运用。

开展活动之前，教师应该提前筛选出一些合适的问题链，这对于学生发现多角度提问的方法起着重要的作用。筛选问题时要注意涉及尽可能多的角度。

02 给予必要的支持和引导

学生会出现不能提炼思考角度或提问方法，或提问时缺乏思考角度，从而提不出更多问题的情况，这时，需要教师及时给予必要支持和有效引导。当学生能够从不同角度思考，提出更多的问题时，教师也要鼓励学生分享问题产生的思维过程。

学生出现的情况	教师的作用	教师的引导策略
学生不能提炼思考角度或提问方法	引导学生对比、分析，进行思考	① 通过回顾提问的思维过程，提炼出提问的角度。 ② 适当提示提问的角度。
学生不能提出更多的问题	提示、启发提问角度及提问的方法	① 鼓励学生暴露困惑。比如问：你的具体困惑是什么？ ② 提示新的思考角度，或使用疑问词。 ③ 示范启发。比如用已有的问题示范。 ④ 可以选择一些更容易提问的话题作为练习素材。
当学生提出有价值的问题时	引导学生分享问题产生的思维过程，提炼提问的策略	① 积极评价。比如问：你觉得解决这个问题有价值吗？为什么？ ② 促进反思。比如问：你是怎么想到这个问题的？ ③ 巩固运用。比如问：从这些提出问题的角度，你还能想到什么问题？ ④ 尝试解决问题。在解决问题的过程中提出新的问题。

03 开展"从一个问题开始"活动的时间建议

　　"从一个问题开始"活动用时 40 分钟。可以分为两个活动单元进行，其中活动一和活动二为一个活动单元，用时 20 分钟；活动三和活动四为一个活动单元，用时 20 分钟。可以根据选择话题中已有问题及提出的新问题的实际情况灵活把握活动时间。

　　此活动建议在中、高年级开展，上述案例中的活动是在五年级学生中进行的。教师可以根据学生的认知基础和生活经验选择适当的话题。该活动还应与数学内容的学习和应用结合起来，特别是在单元教学的起始阶段，可以鼓励学生从不同角度思考，提出研究问题，构建单元的问题框架，引领学生学习。

　　鼓励学生选择感兴趣的问题并尝试解决，布置为长作业，在解决问题的过程中，进一步体会多角度提问的特点，也可以在解决问题的过程中继续提出好问题。

第三章

一直想下去

儿童喜欢提问题，天马行空的提问使他们发散的思维变得活跃，但也会使儿童的提问陷入新的困境。如儿童的提问也常止步于找到自己所提问题的答案，一旦获取了想要了解的信息，兴趣点马上就转移到另一个事物上，一个问题接着另一个问题的快速变换，没有使儿童对某一个特殊问题持续关注，使其发展成为连续的思考。又如，儿童对于什么是好问题的认识模糊，不知道该怎样提出有研究价值的问题，提出的问题也经常陷入"为什么"的循环，或"是什么""怎么办"的模式化提问。以上种种都体现出儿童缺乏持续提问的意识和深入思考的能力，提问的策略不足，以至于提出的问题深度不够。

如何改善儿童提问处于浅层次的现状，促使儿童一直想下去，提出有深度的问题呢？首先，应该使儿童能够识别好问题，感受到好问题的特点，进一步认识提出好问题的疑问词。其次，给予提问策略的支持，让学生学习相关的提问策略，学会深入思考的角度，能够把对问题的认识和思考深入下去。最后，通过一些有趣的活动，增强儿童持续提问的意识，用持续提问的意识带动深入思考能力的发展，把问题一直想下去。

本章提供九个活动案例。其中"问题分享会"活动通过投票选出好问题、分享好问题的产生过程，使儿童感受好问题的特点，学会提出好问题的方法。

感受了好问题的特点，还要有深入思考的角度。下面这五个活动提供了可以引发深入思考的角度，即实践操作、猜想、逆向思考。其中，"从疑问到猜想"是在儿童产生疑问及初步猜想后，以实践操作为桥梁，使儿童明晰疑问点，提出明确具体的问题。"从归纳中提出猜想"和"从类比中提出猜想"这两个活动均以猜想作为引导深入思考的角度，前者通过在观察、验证、归纳活动中引发儿童提出新的猜想；后者则引导儿童对本质上相同或相似的事物进行合理类比，提出猜想，形成问题。"提出逆向的问题"和"提出相反的问题"这两个活动均以逆向思考为提问角度。前者是引导儿童对结论提出质疑，反向思考提出问题；后者则是从事物的反面思考提出问题。这些活动的设计不仅开拓了儿童的思维，丰富了思考方向，更能促使儿童掌握深入思考角度，学会系统思考，学会提问。

深入思考的角度明确后，还需要一些提问策略。"what-if-not提问"和"改造条件引发新问题"这两个提问策略的重点均在于"改变条件"。前者是抓住事物和命题的关键要素，改变其中一个或几个要素，使用"如果不是这样，又会是怎样"的方式深入思考并提出问题；而后者则根据情境的内在联系，改造条件，打开提问思路，拓展思维的深度和广度。虽然要素在不断否定，条件在不断改变，但学生的思维却在不断聚合，对一个命题和一个情境进行深入、全面的思考，不断产生新问题。

"问题接龙"是一个游戏活动，由成语接龙演变而来，借助游戏的形式，在宽松的游戏氛围下，在游戏规则的约定下，在接龙活动中促使学生持续思考，把问题一直想下去。

本章中呈现的这些活动着眼于发展学生的聚合思维，在持续、系统、深入的思考中提炼出好问题。

11 从疑问到猜想

"从疑问到猜想"是指由学生对某一情境产生疑问，经过持续思考到最终提出猜想的活动。这一活动可以促使学生开展持续、深入思考，帮助学生克服问题不清晰、提问不深入的困难。

下面以"密铺"为例，阐述活动是如何展开的。

🎯 活动目标

经历从产生疑问、提出问题到形成猜想的过程，能提出自己想要研究的较为清晰的问题，并持续思考提出猜想。

> **小贴士**
>
> 猜想验证，提出新问题，可以是一个循环上升的过程。让学生不断想下去，问题更明确，认识更清晰。

🔗 活动流程

活动一 观察现象，产生疑问 ▶	由装修话题引入，揭示"密铺"的概念，让学生自然生成疑问。
活动二 交流讨论，形成猜想 ▶	讨论中明确学生的疑问，引导学生进一步想下去，并使学生产生初步的猜想。
活动三 实践操作，验证猜想 ▶	提供操作材料，让学生尝试验证，并收集学生作品。引导学生继续想下去。
活动四 观察交流，深度提问 ▶	展示学生作品，组织观察讨论，进行深入思考。交流要进一步研究的问题，使问题更清晰明确。

活动一 观察现象，产生疑问

一上课，张老师和学生聊起自己家装修的事情。在向学生展示收集的一些瓷砖图片后，张老师说："我发现瓷砖不是长方形，就是正方形，这是为什么呢?"（见下图）

接着，张老师向学生展示了用瓷砖铺好的地面和墙面的图片，并让学生观察。（见下图）学生不禁感叹道："真漂亮，真整齐，还没有缝隙。"这时，张老师顺势向学生介绍什么是"密铺"。

师　图形之间没有缝隙，也不重叠，就叫密铺。了解了什么是密铺，你想到了什么? 有哪些疑问?

生1　只有正方形和长方形可以密铺吗?

生2　密铺的都有哪些图形?

生3　圆形能密铺吗?

生4　只有规则图形能密铺吗?

小贴士

从熟悉的生活情境引出密铺概念，唤醒学生的已有经验，为提问提供动力。

针对学生提出的疑问，张老师引导学生展开讨论，让大家交流每个同学提问的意思，并提出新的猜想。

师　有同学问"圆形能密铺吗？"，你们是怎么想的呢？谁来说一说？

生1　我觉得圆形肯定不能密铺。几个圆挨在一起，一定会有缝隙。

张老师聚焦问题，说："同学们同意他的想法吗？今天我们就围绕直边图形进行讨论。"

💡**策略吧**

当学生的问题过于分散时，教师通过引导进行提示，让学生聚焦问题——聚焦到对单一的直边图形的研究上。

师　是不是只有正方形和长方形可以密铺呢？你们提到的规则图形又指什么？

生2　我觉得应该还有别的图形可以密铺。刚才我想到的规则图形是学过的长方形、正方形、三角形、平行四边形和梯形。

生3　用三角形可以密铺吗？我想试一试。

生4　我觉得三角形可以密铺，我想验证平行四边形。

💡**策略吧**

当学生的提问只局限在一定范围内时，教师的提示性提问可以打破学生的思维局限，丰富其猜想视角。

师　你们只能想到学过的图形吗？

生5　我还想试试五边形可不可以密铺。

生6　我想试试不规则的图形。

在讨论交流中，学生逐步将生活中的问题变成了对数学问题的猜想。

活动三 实践操作，验证猜想

师
　　同学们已经有了一些自己的猜想，请你先选择一个你认为可以密铺的图形和一个你认为不能密铺的图形，然后我们用剪纸的方法验证一下你的猜想。

💡 **策略吧**

教师对学生的实践操作活动提供必要的支持。

操作活动要求：

将一张A4大小的白纸，连续对折三次；再在对折好的纸上画出你想要验证的图形；然后用剪刀剪开，这样可以得到八个完全一样的图形纸片；最后，将这些纸片进行密铺。

　　学生开始操作尝试，验证自己的猜想。张老师巡视指导，发现有的学生在制作想要验证的图形时有困难，这时教师应给予必要的帮助，并利用手机收集学生的作品。

活动四 观察交流，深度提问

　　张老师首先呈现了学生的实践作品。

　　能够密铺的有以下图形：

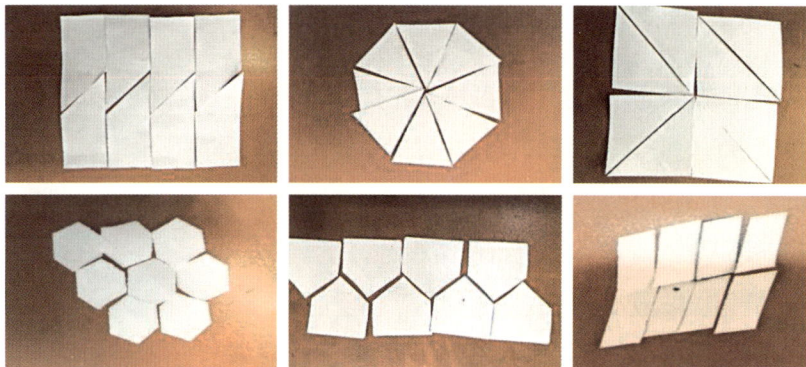

不能密铺的有以下图形：

在学生欣赏了不同图形的密铺后，张老师引导学生观察讨论，并让学生再次提问。

师　　看到这些作品，你又想到了什么问题？

生1　　为什么有的图形能密铺，有的不能呢？

生2　　为什么有的直边图形不能密铺？

生3　　密铺的条件是什么？

生4　　能密铺的图形有什么共同点？

生5　　密铺的要求是否与边有关？

师　　是否与边有关？还可能和什么有关呢？

张老师看到通过前面的实践操作和交流，学生已经发现有些图形可以密铺，有些图形不能密铺，便问道："你能找出不能密铺的原因吗？请你提出自己想要研究的问题，并进行研究设计。"学生的提问热情再次被激发，于是纷纷提出了自己的研究问题。

💡策略吧

问题转向，提升学生对密铺问题本质的认识，并将学生的提问和下一步实际研究设计结合起来。

我要研究的问题：

是不是所有的四边形都可以密铺？

我要研究的问题：

密铺时图形拼在一起的角是平角还是周角？

我要研究的问题：

是不是所有三角形都可以密铺？

我要研究的问题：

是不是所有六边形都可以密铺？

我要研究的问题：

什么样的五边形可以密铺？

我要研究的问题：

什么样的正多边形可以密铺？

我要研究的问题：

图形到了九边形还可以密铺吗？

我要研究的问题：

密铺的条件除了角度还有什么？

课后延展：

学生可以课下继续进行探索，验证自己提出的研究问题。

🔄 策略回顾

01 从疑问到猜想需要促使学生不断思考

面对学生在情境中生成的疑问，首先要明确这些问题的真实意思，并引导学生对这些问题展开讨论，促使学生进一步思考下去，使疑问逐步清晰，从而形成初步的猜想。必要时还可以边实践边思考。

上述案例中的"实践操作"发挥了重要的桥梁作用，为学生提供了大量感知的机会，并且帮助学生形成了丰富表象。只要给予学生充足的时间和空间，让学生根据自己的感知，用自己的思维方式自由地观察思考、分析推理，逐步从感性认识上升到理性认识，然后相互交流讨论，使最初的猜想变成具体明确的研究问题。

上面的活动过程展示了学生由开始的生活情境引入，对密铺产生疑问，再通过对疑问的讨论形成初步猜想，并通过实践操作、观察发现等活动，最终提出明确具体的研究问题的全过程。体现了交流讨论及实践操作对于学生由简单到深入、由模糊到清晰提问的促进作用，很好地培养了学生的提问能力。下面附上一些学生提问层层深入的例子。（见下图）

生1：
还有什么图形可以密铺？

⬇

能密铺的图形有什么共同点？

⬇

我要研究的问题：
什么样的正多边形可以密铺？

研究设计：
从正三角形开始，剪各种不同条边的正多边形，找到可以密铺的和不可密铺的。再找到它们的相同点和不同点。

生2：
不规则形状的地砖可以密铺吗？

⬇

为什么有的直边图形不能密铺？

⬇

我要研究的问题：
什么样的五边形可以密铺？

研究设计：
五边形有许多种，有正五边形、直角五边形和不规则五边形，先观察角度是否吻合，再进行设计、剪拼。

02 给予必要的支持和引导

学生开始产生疑问时，提出的问题往往是模糊不清的，教师先在交流中确认学生的问题，使之更明确，并鼓励、引导他们进一步想下去，逐步形成猜想。在交流中，当学生的提问过于分散或猜想只局限在一定范围时，教师应及时给予必要支持和有效引导。当学生能够提出有价值的问题时，教师也要加以鼓励和引导。

学生的情况	教师的作用	教师的引导策略
学生提出的问题过于发散	聚焦问题，明确研究的方向	① 讨论，解决简单问题。比如问：圆形能否密铺？ ② 直接聚焦问题。比如直接聚焦单一的直边图形。

学生的情况	教师的作用	教师的引导策略
学生猜想局限在一定范围内	提示，引导	① 提供更有指向性的材料。比如呈现密铺图片。 ② 提出提示性问题。比如问：只能想到学过的图形吗？
学生个体的实践操作成果不丰富，体验不充分	保障操作时间；收集学生作品并交流	① 材料支持。提供开展实践操作所需材料或剪好的标准图形。 ② 时间保障。给予学生充分操作、体验的时间。 ③ 交流分享。汇集学生的不同作品，进行全班交流。
学生不能将实践中的感受转化为新的问题	提升学生对问题本质的认识；结合实际操作提问	① 分类比较。比如：呈现学生作品并进行分类。 ② 聚焦问题。比如：引导学生观察不能密铺的图形，寻找原因，对密铺本质进行思考。 ③ 提问与实践操作相结合。
提出好的问题	讨论并促进深入思考	① 评价反思。比如问：这个问题是怎样提出的？ ② 问题转向。比如问：要密铺是否与图形的边有关——还会想到什么？

03 开展"从疑问到猜想"活动的时间建议

开展本项"从疑问到猜想"活动一般需要 40 分钟。其中实践操作环节需要给学生预留足够的时间，如果学生验证活动后产生了新的问题，需要进行再次验证。可以根据实际情况适当延长时间，也可以将活动延展到课后，由学生继续围绕自己的研究问题进行实践，验证猜想。

此项活动对学生的知识准备和操作能力有一定要求。学生应掌握角和平面图形的相关知识，同时具备一定的画图和操作能力，还要具备分析和解决问题的能力。因此，建议在高年级实施这一活动。上述案例中的活动就是在六年级第一学期尝试的，也可以在学生学习了五年级上册"多边形的面积"单元后进行教学。

针对学生的个体差异，建议此活动能够课上与课下相结合，给学生留出更多自主探索的空间，教师不要过早揭示答案，让学生沿着自己的研究问题思考下去，拉长学生思考和探索的过程。学生的探索活动越充分，提出的问题就越清晰和深入，并最终会让学生形成自己的发现。本活动并不是以发现和总结密铺的规律为目的，而应重视学生问题不断深入的过程，提升学生的问题意识和提问能力。

> 正如荷兰数学教育家弗赖登塔尔所说："真正的数学家常常凭借数学的直觉思维做出各种猜想，然后加以证实。"[①]

[①] 弗赖登塔尔. 作为教育任务的数学[M]. 陈昌平，唐瑞芬，等编译. 上海：上海教育出版社，1995：i.

12 从归纳中提出猜想

"从归纳中提出猜想"是指通过对许多个别的事物进行观察、比较，概括出一般规律，推断出所有该类事物都有此规律，进而提出猜想。这一活动可以帮助学生克服不能主动进行归纳或不能通过归纳提出猜想的困难。

下面以"3 的倍数特征归纳"中"提出猜想"环节为例，阐述活动是如何开展的。

◎ 活动目标

在"3 的倍数特征归纳"活动中，经历提出猜想—初步验证—结合归纳的结论提出新猜想—再深入研究验证的过程，体会可以归纳得到猜想，发展持续思考的能力。

🔄 活动流程

活动一 初步猜想，进行验证	▶	直接引入课题，引发学生对 3 的倍数特征进行初步猜想和验证。
活动二 归纳提出新猜想	▶	引导学生借助百数图进行观察，归纳出结论，并提出新猜想。
活动三 验证猜想，引发新问题	▶	引导学生举例进行验证并提出新的猜想。

活动一 初步猜想，进行验证

上课伊始，卫老师说："其实在学过 2 和 5 的倍数特征之后，不少同学想要研究一下 3 的倍数特征。请同学们猜想一下，3 的倍数特征会是怎样的呢？"

学生在交流后，提出以下猜想：

猜想 1 个位是 3 的数就是 3 的倍数吗？

猜想 2 个位是 3、6、9 的数是 3 的倍数？

猜想 3 3 的倍数的末尾数没有规律。

听到这儿，有学生发表了不同意见：

生 1 我觉得不对。19 个位上就是 9，它就不是 3 的倍数。

生 2 我也觉得不对。23 个位上是 3，它也不是 3 的倍数。

活动二 归纳提出新猜想

带着猜想，卫老师引导学生进一步思考，并提出新的要求："请你先在百数表中把 3 的倍数都圈出来，观察百数表中 3 的倍数，验证同学们的猜想是否正确，并把你的研究、发现记录在下面的学习单中。"

1	2	3	4	5	6	7	8	9	10
11	12	13	14	15	16	17	18	19	20
21	22	23	24	25	26	27	28	29	30
31	32	33	34	35	36	37	38	39	40
41	42	43	44	45	46	47	48	49	50
51	52	53	54	55	56	57	58	59	60
61	62	63	64	65	66	67	68	69	70
71	72	73	74	75	76	77	78	79	80
81	82	83	84	85	86	87	88	89	90
91	92	93	94	95	96	97	98	99	100

我的发现：

学生经过研究，记录了自己发现的规律。

我的发现：个位上的数与十位上的数相加能够正好除以3，这个数就是3的倍数。

我的发现：十位上的数和个位上的数相加正好除以3，就是3的倍数。比如27，2+7=9，9是3的倍数，所以27就是3的倍数。

在学生发现了"个位上的数与十位上的数之和是 3 的倍数，这个两位数就是 3 的倍数"这个结论之后，卫老师说："根据我们发现的这个结论，同学们看看有没有什么问题要问？"

💡 **策略吧**

给学生提供百数表，引导学生观察，发现规律，提出新的猜想。

生1　是不是所有数各个数位上的数的和是 3 的倍数，这个数就是 3 的倍数呢？

生2 　为什么各个数位上的数相加的和是 3 的倍数，这个数就是 3 的倍数？

师 　大家根据百数表发现各个数位上的数的和是 3 的倍数，这个数就是 3 的倍数，并且根据这个结论还提出了"是不是所有数各个数位上的数的和是 3 的倍数，这个数就是 3 的倍数呢？"这样的猜想，这样的猜想和刚才的结论说的都是同一件事，都是关于 3 的倍数特征的事。我们说这样的猜想是归纳猜想。

活动三 验证猜想，引发新问题

卫老师总结之后，提出新的活动要求："请同学们举一些例子验证一下刚才我们的猜想是否正确，并把自己的验证过程记录下来。"（见下图）

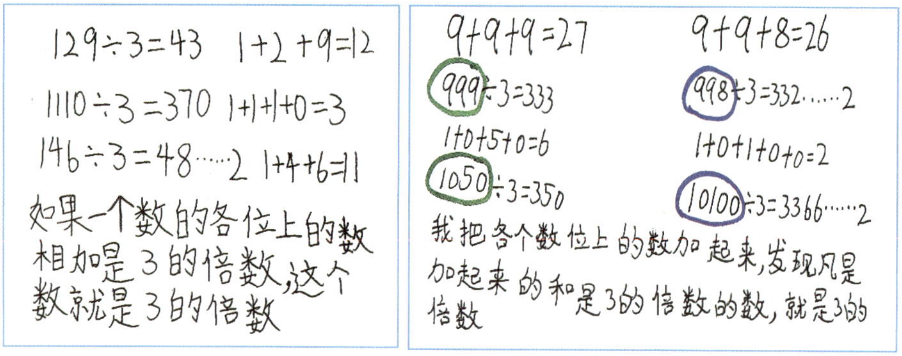

$129 \div 3 = 43 \quad 1+2+9=12$
$1110 \div 3 = 370 \quad 1+1+1+0=3$
$146 \div 3 = 48 \cdots 2 \quad 1+4+6=11$
如果一个数的各位上的数相加是 3 的倍数，这个数就是 3 的倍数

$9+9+9=27 \qquad 9+9+8=26$
$999 \div 3 = 333 \qquad 998 \div 3 = 332 \cdots 2$
$1+0+5+0=6 \qquad 1+0+1+0+0=2$
$1050 \div 3 = 350 \qquad 10100 \div 3 = 3366 \cdots 2$
我把各个数位上的数加起来，发现凡是加起来的和是 3 的倍数的数，就是 3 的倍数

师 　刚才我们根据结论引发了对 3 的倍数特征这一类问题的猜想，并对猜想进行了验证，总结出 3 的倍数特征这一类问题的一般规律：一个数各个数位上的数的和是 3 的倍数，这个数就是 3 的倍数。

在这个基础上，卫老师引导学生继续想下去："同学们还有什么问题要问吗？"

生1　　6和9的倍数特征也和各个数位
　　　　上的数的和有关系吗？

生2　　所有数的倍数特征都和各个数位
　　　　上的数的和有关系吗？

💡**策略吧**

验证后总结一般
规律，再在归纳中提
出新猜想，深入想
下去。

🔄 策略回顾

01 引导经历"从归纳中提出猜想"的全过程

本话题从3的倍数特征出发，引发学生进行初步猜想验证，并提供百数表进行研究；根据结论引导学生提出新的猜想，使学生清楚什么是从归纳中提出猜想。在这个基础上，教师继续引导学生进行验证，并引导学生进行新的猜想。通过这样的活动，使学生初步掌握从归纳中提出猜想的策略。

02 给予必要的支持和引导

在归纳猜想的过程中，学生会出现不清楚什么是在归纳中提出猜想或初步知道什么是在归纳中提出猜想的情况。这时，需要教师及时给予必要支持和有效引导。

学生出现的情况	教师的作用	教师的引导策略
会进行猜想	创设活动，发现规律	① 给出百数表进行研究。 ② 提出活动要求，比如问：3的倍数到底什么样？请你在百数表中把是3的倍数的数都圈出来，并把你的研究、发现记录下来。
不清楚什么是在归纳中提出猜想	引导学生在3的倍数特征的一系列猜想和验证的过程中，理解在归纳中提出猜想	点拨揭示。比如问："是不是所有数的各个数位上的数的和是3的倍数，这个数就是3的倍数呢？"这样的猜想和刚才的结论说的都是同一件事，都是3的倍数特征的事，我们说这样的猜想是归纳猜想。

03 开展"从归纳中提出猜想"活动的时间建议

"从归纳中提出猜想"活动的时间可长可短。上述案例的活动用时 40 分钟，可分为两个活动单元进行。其中，前两个活动为一个活动单元，用时 20 分钟；第三个活动为一个活动单元，用时 20 分钟。

"从归纳中提出猜想"活动在四年级至六年级都可以开展，教师可根据学生的认知基础和生活经验选择适当的素材，引导学生通过归纳进行猜想。比如：在数与代数领域，我们可以根据同一类算式提出关于这一类算式的猜想；在图形与几何领域，我们可以根据属于同一类的某些图形的特点提出关于这一类图形的猜想，培养学生归纳猜想的推理能力。

13 从类比中提出猜想

"从类比中提出猜想"是由两个对象某些相同或相似的性质，推断它们在其他性质上也有可能相同或相似，进而提出猜想。这一活动可以帮助学生解决类比主动性较差，不知道什么是类比猜想的困难。

下面以"从长方体体积到圆柱体积进行类比猜想"为例，阐述活动是如何开展的。

◎ 活动目标

在"从长方体体积到圆柱体积进行类比猜想"活动中，经历类比猜想和验证猜想的过程，知道可以从类比中提出猜想，丰富提问的角度。

⧇ 活动流程

活动一 类比阶段——提出猜想	▶	提供类比猜想的必要支持，激发学生类比猜想的主动性，开拓学生的思维。
活动二 验证阶段——引发思考	▶	在验证猜想的过程中，学生再一次感受长方体体积和圆柱体积的关系，引发思考可以进行类比的原因。
活动三 总结阶段——分享提升	▶	组织学生分享提出猜想的思维过程，有助于学生丰富提问的角度。

活动一　类比阶段——提出猜想 ·······································

　　上课伊始，郑老师手里拿着一个圆柱形的茶叶桶，说："今天我们一起来研究圆柱的体积。"在学生充满期待的氛围中，郑老师继续引导学生思考："根据我们前面学习的有关图形体积的经验，你们猜想一下圆柱的体积应该怎样计算。"

> 生1　前面我们算长方体和正方体体积的时候都是用底面积乘高，我就想圆柱的体积是不是和它们一样，也是底面积乘高。
>
> 生2　我知道圆柱和长方体长得挺像的，都是直直的，都有底面和高，所以我觉得圆柱和长方体一样也是底面积乘高。
>
> 生3　我同意他们猜的求圆柱的体积是底面积乘高，因为长方体是长方形向上拉起形成的，圆柱相当于把圆向上拉起形成的。

💡 **策略吧**

　经历过程，迁移研究经验，证明猜想。

　　对于学生的猜想，郑老师带领大家进一步思考，并提出新的要求："那圆柱的体积到底是不是底面积乘高呢？郑老师给你们准备了一些学具，你们来验证一下，并把你们的研究、发现记录在学习单中。"（见下页图）

我的猜想：圆柱的体积 =	
转化过程	转化前后的联系
结论：圆柱的体积 =	

活动二 验证阶段——引发思考

　　学生分别用不同的方法验证了猜想，并用自己的方式记录了下来。（见下图及下页图）

我的猜想：圆柱的体积 = 底面积 × 高	
转化过程	转化前后的联系
	长方体的体积 = 底面积×高 ‖　　　　‖　‖ 圆柱的体积 = 底面积×高
结论：圆柱的体积 = 底面积×高	

我的猜想：圆柱的体积 = 底面积 × 高	
转化过程	转化前后的联系
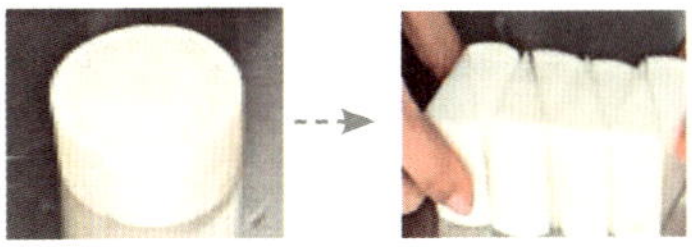	长方体的体积 = 底面积×高 ‖ 圆柱的体积 = 底面积×高
结论：圆柱的体积 = 底面积×高	

我的猜想：圆柱的体积＝底面积 × 高

转化过程	转化前后的联系
	一层　几层 长方体的体积＝底面积×高 圆柱的体积＝底面积×高 一层　几层

结论：圆柱的体积＝ 底面积×高

在学生验证出圆柱的体积等于底面积乘高的基础上，郑老师利用多媒体资源让学生进一步感受圆柱与长方体之间的关系：将圆柱底面的小扇形继续细分，分成 8 个相等的小扇形，分成 16 个相等的小扇形，分成 32 个……，引导学生感

小贴士

多媒体教具将底面圆无限等分，利于学生体会极限的思想。

受：底面的小扇形越细分，它的曲边就越来越直，拼出的立体图形就越接近于长方体。并引发学生深入思考：在将圆柱转化成长方体的过程中，变化的是什么？不变的又是什么呢？

生 1　我发现变化的是它们的形状，但它们的体积没变。

生 2　我发现它们的体积没变，底面积和高也没有变化。

师　你们说得太好了！这个长方体的底面积等于圆柱的底面积，高等于圆柱的高，由长方体的体积等于底面积乘高我们可以得到：圆柱的体积＝底面积×高。

策略吧

适时引导总结，提升认识。

刚才我们一起经历了猜想圆柱体积、验证圆柱体积的过程，现在再来回顾一下刚刚同学们是怎么猜想出圆柱的体积的。

生 1　圆柱和长方体、正方体一样都是立体图形，长方体和正方体的体积是底面积乘高，那圆柱的体积是不是也是底面积乘高？

💡策略吧

适时引导学生分享提出猜想的思维过程。

生 2　我们还可以根据圆柱的特点去想，去找和它有关系的图形，于是就想到了长方体。长方体的体积是底面积乘高，那圆柱的体积是不是也是底面积乘高？

生 3　前面学习过长方体的体积，求长方体体积的时候，是在求有多少个体积单位，那求圆柱的体积我想也会是这样，每层体积单位的个数乘层数，所以我就想到体积是底面积乘高。

在学生热烈分享、交流猜想理由的情况下，郑老师适时进行引导：

师　在思考如何求圆柱体积的时候，我们可以联想和它相似的立体图形的体积怎么求，由此对圆柱的体积公式进行猜想，这个过程就是类比猜想。

🔄 策略回顾

01　要为类比猜想提供支撑的依据

圆柱和正方体、长方体一样都是立体图形，教师抓住它们图形特点之间的关系，并提供丰富的支撑材料，以此培养学生类比猜想的提问能力。第一个活动中，教师引导学生回顾前面立体图形体积的学习经验，为学生进行类比猜想提供必要的思维、方法上的支持；第二个活动是给学生提供自主发挥的时间和空间，让学生在验证圆柱体积的过程中，再一次感受它与长方体的关系，让学生体会这样进行类比猜想是有理有据的；第三个活动是引导学生分享提出猜想的思维过程，习得在类比中提出猜想的方法。

几个活动层层递进，引导学生经历类比提出猜想—验证猜想—总结类比猜想策略的学习过程，知道可以在类比中提出猜想。

02　在进行类比猜想的过程中给予必要的支持和引导

在进行猜想的时候，学生会出现"会猜想，但不知道什么是类比猜想"的情况，这时，教师需要及时给予必要支持和有效引导。当学生能够进行类比猜想时，教师也要鼓励学生分享问题产生的思维过程，并进行提炼。

学生出现的情况	教师的作用	教师的引导策略
会进行猜想	设问激疑，验证猜想	比如：圆柱的体积到底是不是底面积乘高呢？
会进行类比猜想，只是不知道提出的猜想是类比猜想	引导分享猜想的思维过程，知道类比猜想的方法	① 促进反思。比如说：请提出这些猜想的同学和我们分享一下，你们是怎么想到这个猜想的。 ② 适时提炼。比如前面活动三最后的教师小结：在思考如何求圆柱体积的时候，我们可以联想和它相似的立体图形的体积怎么求，由此对圆柱的体积公式进行猜想，这个过程就是类比猜想。

03　开展"从类比中提出猜想"活动的时间建议

"从类比中提出猜想"活动的时间可长可短。上述案例中的活动用时 40 分钟，不过因为这一活动包含类比猜想、验证猜想等活动，教师可根据活动目标和实际活动的设计来调整活动时间，也要根据活动中学生的实际情况减少或延长时间。

"从类比中提出猜想"活动在中、高年级都可以开展，教师可根据学生的认知基础和生活经验选择适当的素材，培养学生类比猜想的推理能力。

14 "what-if-not" 提问

"what-if-not" 即"否定假设法"，是布朗（Brown）和瓦尔特（Walter）提出的从原问题出发产生新问题的策略，其含义是：如果不是这样，那又是怎样？利用"what-if-not"策略可以帮助学生拓展问题，引发深入思考，克服提出问题角度单一、缺乏深入思考的困难。

下面以"解决相遇问题"为例，阐述这一活动是如何开展的。

◎ 活动目标

利用"what-if-not"提问策略，知道抓住原问题的要素，改变其中一个或几个要素后提出问题，拓宽提问的角度，增强持续思考的意识。

活动流程

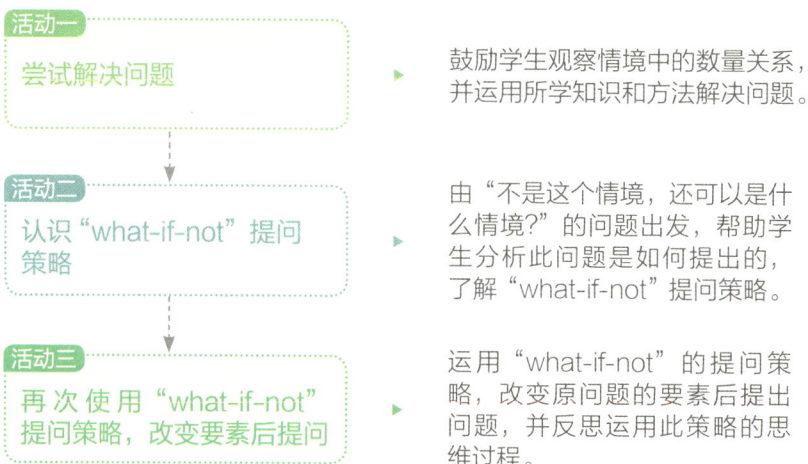

活动一
尝试解决问题
▶ 鼓励学生观察情境中的数量关系，并运用所学知识和方法解决问题。

活动二
认识"what-if-not"提问策略
▶ 由"不是这个情境，还可以是什么情境？"的问题出发，帮助学生分析此问题是如何提出的，了解"what-if-not"提问策略。

活动三
再次使用"what-if-not"提问策略，改变要素后提问
▶ 运用"what-if-not"的提问策略，改变原问题的要素后提出问题，并反思运用此策略的思维过程。

📖 活动设计

活动一 尝试解决问题

一上课，陶老师先请学生观看了一段视频。视频中，两列火车同时从两地开出，相向而行，在某一时刻于某地相遇。

学生经过独立思考、自由表达后，陶老师组织大家进行交流。有的学生用文字描述，有的学生用画图说明，还有的学生进行模拟表演。

生1 甲、乙两列火车从两地同时相向开出，在某一时刻相遇。

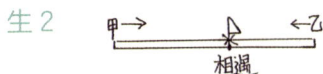

生2

甲→ |←乙
相遇

生3 两列火车是"同时"出发的。

生4 两列火车分别从"两地"开出。

生5 两列火车是"相向"而行的，而且在某一刻相遇了。

💡策略吧

鼓励学生运用画图、模拟演示等方式理解问题情境。

梳理出两列火车运动的特点后，陶老师给出了甲车的速度是 120 千米/时、乙车的速度是 80 千米/时、两地相距 600 千米的数据信息，请学生用喜欢的方法解决几小时相遇的问题。（学生的解答示例见下图）

$$600 \div (120 + 80)$$
$$= 600 \div 200$$
$$= 3 \,(小时)$$

答：3 小时相遇.

　　解决了问题后，陶老师进一步激发学生思考："你们看着这个算式想一想，还能解决什么问题？"

　　生　　如果不是两列火车的事，这个算式还能解决其他的问题吗？

　　陶老师顺着这个学生的问题引导大家思考："这个问题你们能解决吗？试着写出可以用这个算式解决的其他问题。"（学生的作品见下图）

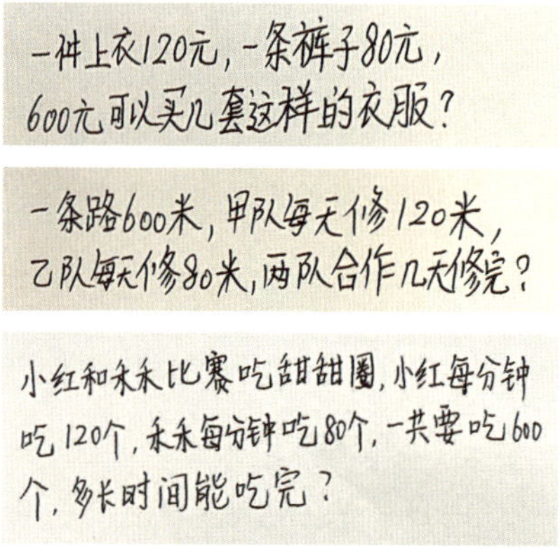

一件上衣120元，一条裤子80元，600元可以买几套这样的衣服？

一条路600米，甲队每天修120米，乙队每天修80米，两队合作几天修完？

小红和未未比赛吃甜甜圈，小红每分钟吃120个，未未每分钟吃80个，一共要吃600个，多长时间能吃完？

💡 策略吧

　　教师鼓励学生自主改编原问题的要素，之后提出问题，如果学生想不出来，教师可以示范。

　　学生创编的新问题情境各种各样，陶老师展示了学生的作品，并请学生读一读这些新的问题情境，看看能否用这个算式解决。在读的过程中，有的学生说"吃甜甜圈的情境"中每分钟吃得太多了不太合理，还有的学生说这个情境也没说清楚是同时吃，还是一个先吃一个后吃。陶老师表扬大家能结合生活实际进行数学思考，同时提醒学生创编问题情境不仅要符合生活实际，使用的数据也要合理，同时还要注意积极健康。

　　在陶老师的提议下，每个学生都核查了自己创编的问题情境是否合理，并进行必要的修改。接着，陶老师请学生回顾上面的过程，问："我们解决的是相遇问题，怎么又提出了这么多新的问题呢？"

生1　因为前面一个同学说"如果不是火车相遇的问题，还能解决什么问题"。

师　刚才这位同学提这个问题时，用到了一种提问方法，叫"what-if-not"。你们知道"what-if-not"是什么意思吗？

生2　"如果不是这样，那又是怎样"的意思。

师　对了，就是"如果不是这样，那又是怎样"，我们称这样的提问方式为"what-if-not"。

生3　也就是把"是这样"先变成"不是这样"，然后再问会怎样。

活动三 再次使用"what-if-not"提问策略，改变要素后提问

　　学生初步了解了"what-if-not"提问策略后，陶老师又带着学生回到相遇问题的情境上，让学生关注原问题的要素，使用"what-if-not"策略提出新问题。

生1　如果不是相向开出，两列火车从两地同向而行，速度不一样，两列火车还会遇上吗？

🔅策略吧

提问过程中，要引导学生关注原问题的要素。

师　和大家说一说，你是怎么用"what-if-not"策略提出这个问题的。

生2　我选择了"相向"这个要素，把"相向"变成"不是相向"，然后问"如果不是相向而行，是同向而行，会怎么样？"。

师　请再次回顾相遇问题情境，选择要改变的要素，然后使用"what-if-not"提出新问题。

生1 如果不是同时开出，乙车先出发 1 小时，那几小时后会相遇呢？

师 你改变了"同时"这个要素，其他要素改变吗？

生1 如果不是同时开出，乙车先出发 1 小时，两车相向而行，几小时后相遇呢？

生2 把"相遇"变成"不相遇"，提出"两车从两地同时相向而行，几小时后两车相距 200 米？"。

生3 把"两地"变成"同一地方"，把"同时"变成"不同时"，提出"如果两车从同一个地方同向而行，乙车先行 1 小时，几小时后甲车追上乙车？"。

> 小贴士
> 鼓励学生梳理提问的语言，使提的问题尽量严谨。

大家分享了问题后，陶老师鼓励学生从上面的问题中选择一个尝试解决。学生选择"如果不是同时开出，乙车先出发 1 小时，两车相向而行，几小时后相遇呢？"这个问题。(见下图)

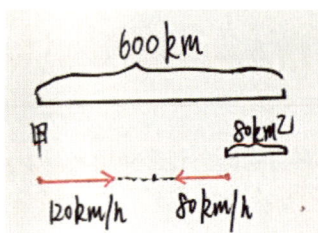

问题解决后，有的学生认为这个问题没有说清楚相遇时间是以谁出发为标准的，建议改为"如果不是同时出发，而是乙车先行 1 小时，然后甲车出发，两车相向而行，甲车出发几小时后两车相遇？"。陶老师表扬学生在解决问题的过程中能够深入思考，对这个问题的认识更深入、更全面了。

接着陶老师请学生反思一下，刚才他们是怎么用这个提问方法提出问题的。

生1　发现相遇问题的要素很重要，因为我们刚才都是通过改变要素来提问题的。

生2　先选定一个要素想"不是这样"，然后使用"what-if-not"提问。

生3　否定一个要素的时候，还要把其他要素表述清楚。有的时候还可以否定两个要素呢。

师　这种提问的方法今后大家可以多使用。

⟳ 策略回顾

01　使用"what-if-not"策略进行提问的思维过程

下图呈现了应用"what-if-not"策略提问的思维过程：

确定出发点（可以是已知的结论、已经解决的问题） → 列举问题的各个要素 → 否定其中一个或多个要素 → 组合新要素，提出问题 → 评价提出的问题的合理性

对于不同年龄的学生学习"what-if-not"提问策略时，为了更好地让他们理解，可以适当合并其中的步骤。如：低年级学生或缺乏解决问题经验的学生使用时，可以将第一步和第二步合并，教师给出数学信息中的要素以及各个要素之间的关系，直接否定要素进行提问。中、高年级学生或学习过此提问策略的学生，可以独立或以同伴互助的方式提炼已知问题中的各个要素，把提炼要素的过程变成对提问角度的思考过程、对各个要素之间关系的认识过程，从而打开学生提问的思路，拓展学生的思维。

02　给予必要的支持和引导

在使用"what-if-not"提问策略时，学生可能会出现不能提取关键要素、不会使用此策略、提问时各要素之间关系混乱、要素提得不全面等情况，这时，需要教师给予引导与支持。如果学生已经提出了有价值的问题，教师也要引导他们进行回顾反思。

学生出现的情况	教师的作用	教师的引导策略
不能提取情境中的要素	鼓励多种方式表达，促进对情境的理解	引导分析问题的策略，比如画图、操作模拟等。可以说：请画图表示这个情境中的数量关系。
不会使用这一策略提问	引导和示范	① 提示要改变的要素和提问句式。 ② 参与示范。比如问：我来提一个问题，你们能知道我改变了哪个要素吗？又是怎么提出的？
提问时要素之间关系不合理，提出了不符合实际的问题	鼓励学生梳理要素之间的关系	① 多种方式表达。比如说：画画图，把你想要提的问题展现出来。 ② 同伴解读。比如说：问问你的同伴，你提的问题他有不理解的地方吗？哪儿不理解？ ③ 尝试解决提出的问题。比如说：试着解决提出的问题，看看有什么需要调整的。
能提出有价值的问题	回顾总结，梳理使用这个策略提问的思维过程	① 及时总结。比如问：你是怎么想到这个问题的？ ② 促进反思。比如问：使用这个策略提问的过程是什么？ ③ 知识联想。比如问：这种提问的方法你在以前的学习中使用过吗？

03 开展"what-if-not"活动的时间建议

上述案例使用"what-if-not"提问策略提问是结合相遇问题的学习开展的，共用时 40 分钟。在后续使用该策略进行提问的活动中，如果直接呈现原问题，寻找要素，使用策略提问，时间可能会相应减少。教师需要根据原问题要素的特点及提问活动中的实际情况调整、把握时间。

学生熟悉"what-if-not"提问策略后，应随时将其数学内容的学习和应用结合。此活动在一年级至六年级都可以开展，教师可根据学生的知识基础，选择合适的数学结论，给学生创设使用该策略提问的机会，使学生能使用该策略对某一问题进行持续思考。

　　鼓励学生从使用该策略提出的问题中选择感兴趣的予以解决，这能够拉长学生的思维过程，让学生在解决问题的过程中，进一步感受这个提问策略的价值。

15 改造条件引发新问题

"改造条件引发新问题"是指通过改造情境中的某个条件来丰富学生思考的角度，从而引发新问题，这种策略也可以看作是"what-if-not"的应用或变式。利用它可以帮助学生持续思考，打开提问思路，克服不会提问、问题缺乏深度和广度等困难。

下面以"组合图形的面积"为例，阐述这个活动是如何展开的。

◎ 活动目标

通过"改造条件引发新问题"的活动，拓展思维的深度和广度，形成持续思考的意识和能力。

🔗 活动流程

活动一 解决问题，尝试提问 ▶	根据情境，鼓励学生解决问题，并在解决的基础上尝试提出新的问题。
活动二 对比提问，提炼方法 ▶	结合改造前后的问题情境，启发学生提出新问题，提炼通过改造情境引发新问题的方法。
活动三 自主改造条件，提出新问题 ▶	引导学生发现并自主运用改造条件的方法，进一步提出新问题，使问题更具深度和广度。
活动四 分类梳理，回顾总结 ▶	将问题按照改造条件进行分类梳理，提炼通过改造条件引发新问题的策略，提高提问能力。

活动一 解决问题，尝试提问

　　学生进行了"在长方形中画三角形"的活动，交流展示后，李老师出示了一幅图（见右图），并提出了问题："图中涂色三角形和长方形有什么关系？如果长方形的面积是 36 平方厘米，涂色三角形的面积是多少？"经过思考，学生纷纷提出自己的想法。（见下图）

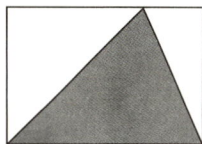

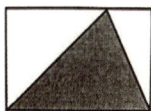

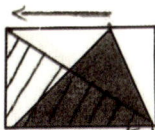

把三角形的顶点拉到这儿，阴影部分和涂色部分面积一样，都是长方形的一半。

$S_长 = ab$
$\downarrow\downarrow$
$S_三 = ah \div 2$
所以 $S_三 = S_长 \div 2$
$36 \div 2 = 18 (cm^2)$

学生作品 1　　　　　学生作品 2

💡 **策略吧**

　　教师鼓励学生提出新问题，并尝试解决。

师　大家通过找图形间的联系，或将图形进行变化，都解决了这个问题。根据这幅图，你还能提出什么问题？

生1　三角形的周长会是长方形周长的一半吗？

生2　我觉得不是。长方形周长的一半可以看成一条长加一条宽的长度。三角形的底和长方形的长相等，另外两条边一定比长方形的宽要长啊。

　　学生解决了提出的问题，同时也产生了好奇，还可以怎么提问呢？

活动二 对比提问，提炼方法

对于学生的疑惑，李老师出示了第二幅图（见右图），并引发思考："大家看，这次我把一个三角形改成了两个三角形，你能提出什么问题？"于是，有学生提出了新的问题。

生1　这两个三角形的面积和是多少？

生2　这个面积和还是长方形面积的一半吗？

师　　请大家尝试解决这两个问题。

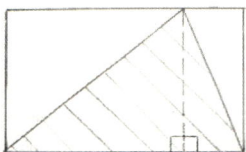

这两个三角形就像是把第一幅图分开看，再移动顶点，所以涂色面积还是长方形面积的一半。

学生作品1

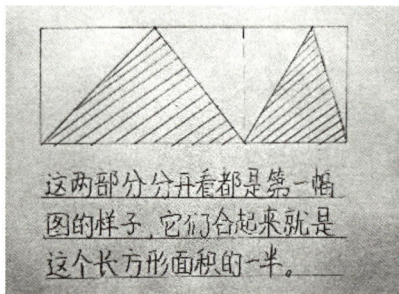

这两部分分开看都是第一幅图的样子，它们合起来就是这个长方形面积的一半。

学生作品2

在解决问题的过程中，学生对这个问题有了比较深入的思考，李老师顺势引导，鼓励学生联想："你看到过类似的题目吗？还能提出什么问题？"于是，学生又提出了新的问题。

💡 **策略吧**

尝试解决问题，有助于促进学生深入地思考。

提出的新问题

1. 学生作品2分出的两部分中，涂色部分是不是分别还是它们面积的一半？
2. 在长方形里画三个三角形，它们的面积和还是长方形面积的一半吗？
3. 学生作品2中空白部分是三个三角形，它们的面积和是长方形面积的一半吗？

活动三 自主改造条件，提出新问题

李老师看学生初步体会了提出新问题的方法后，说："我对题目中的条件进行了改造，大家就提出了新问题，你能像这样自己改造条件，再提出问题吗？"

师　　大家不仅解决了问题，还提出了新的问题！这些
　　　 问题是怎样想到的呢？

生1　改变题目中的条件，就能提出新的问题。

在李老师的示范和启发下，学生又有了新的想法。

生1　如果像我这样，在长方形里画四个三
　　　 角形（见右图），它们的面积和还是长
　　　 方形面积的一半吗？

生2　是不是像这样画多少个三角形，面积和都是长方
　　　 形面积的一半？

生3　怎样画才能保证三角形的面积和是长方形面积的
　　　 一半？

接下来学生提出的问题，与前面学生的问题重复了，李老师感觉到学生提炼新的改造条件遇到了困难，于是引导说："同学们都关注了三角形这个条件，还能改造什么条件提出问题呢？你们可以把自己的想法画一画，并且把自己又想到的问题写下来。"在李老师的提示下，学生开始关注情境中的其他条件，借助画图改变思考的角度，继而提出了新问题。（见下页图）

☀ 策略吧
　　学生改造的条件重复时，教师可提示学生改变思考角度，寻找新的改造条件。

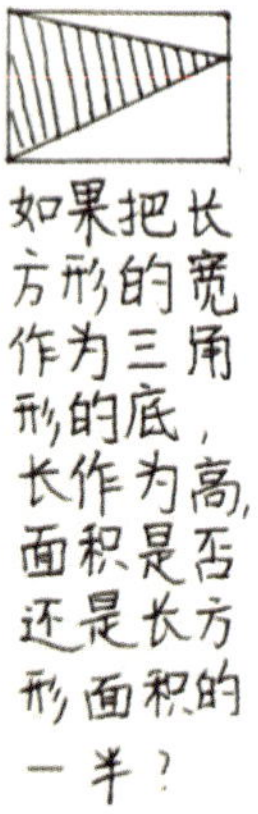

如果把长方形的宽作为三角形的底，长作为高，面积是否还是长方形面积的一半？

在长方形里画平行四边形，面积也是长方形的一半吗？

把长方形换成平行四边形，它的面积还是涂色部分的两倍吗？

学生作品 1 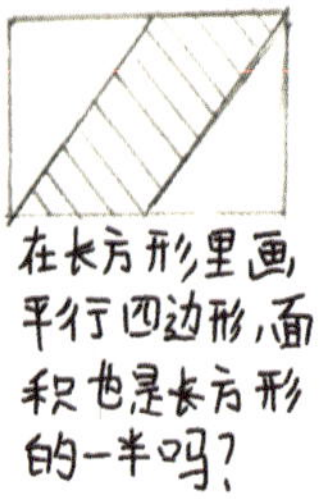　　　　学生作品 2 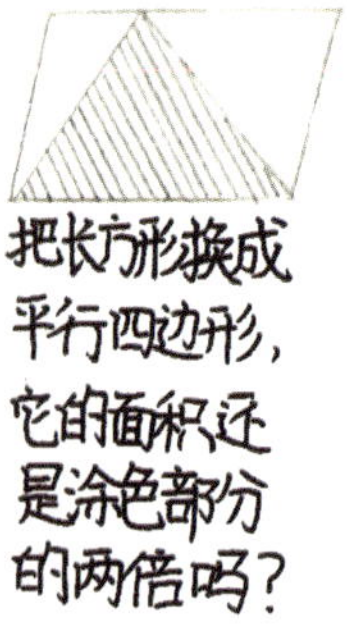　　　　学生作品 3

活动四　分类梳理，回顾总结

李老师呈现大家提出的问题，引导学生观察："大家提出的这些问题，都是对图形中的哪些条件进行了改造？能根据改造的条件，把这些问题分分类吗？"

于是，学生对提出的问题进行了分类整理。（见下图）

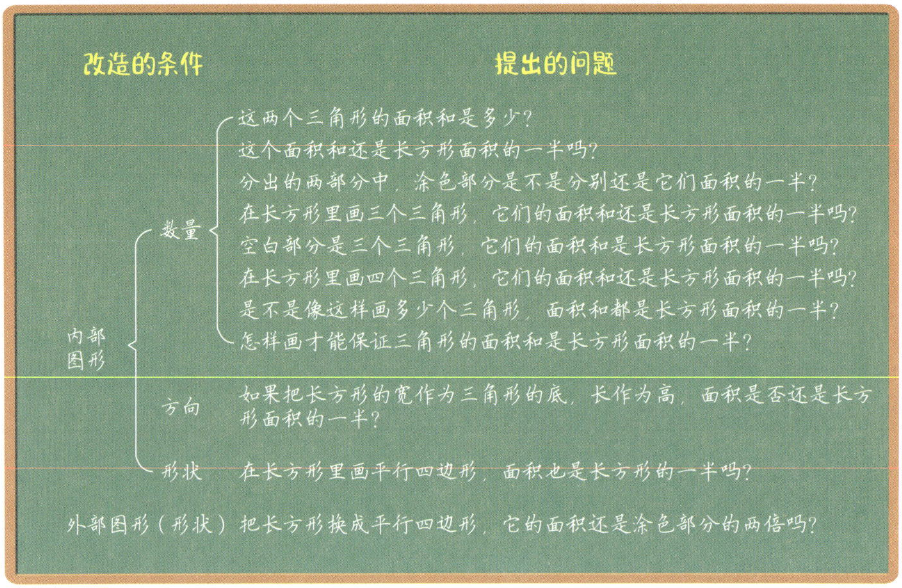

改造的条件		提出的问题
内部图形	数量	这两个三角形的面积和是多少？ 这个面积和还是长方形面积的一半吗？ 分出的两部分中，涂色部分是不是分别还是它们面积的一半？ 在长方形里画三个三角形，它们的面积和还是长方形面积的一半吗？ 空白部分是三个三角形，它们的面积和是长方形面积的一半吗？ 在长方形里画四个三角形，它们的面积和还是长方形面积的一半吗？ 是不是像这样画多少个三角形，面积和都是长方形面积的一半？ 怎样画才能保证三角形的面积和是长方形面积的一半？
	方向	如果把长方形的宽作为三角形的底，长作为高，面积是否还是长方形面积的一半？
	形状	在长方形里画平行四边形，面积也是长方形的一半吗？
外部图形（形状）		把长方形换成平行四边形，它的面积还是涂色部分的两倍吗？

通过对问题分类整理，学生再次回顾了提出问题的过程，提炼总结了通过改造条件提出新问题的方法，并进一步思考这一方法在其他情境中的应用。

运用改造条件的方法继续提出新问题，选择一个问题尝试解决。

策略回顾

01 改造条件，拓展学生的思维

改造条件不仅可以启发学生拓宽提问视角，利于学生提出更多、更丰富的问题，还能够让学生对一个角度的一类问题进行深入思考，从而一直想下去。教师可以给出引导范例，鼓励学生发现新问题是如何提出的，体会根据改造的条件提出新问题的方法。借助评价和引导，启发学生在抓住条件间联系的基础上，从不同角度观察和思考，通过自主改造条件，继续提出新的问题。

例如，在本案例中，教师在原始图的基础上，通过改变图形内部三角形的数量，启发学生继续改造条件，从不同角度拓展学生思维的深度和广度。（见下图）

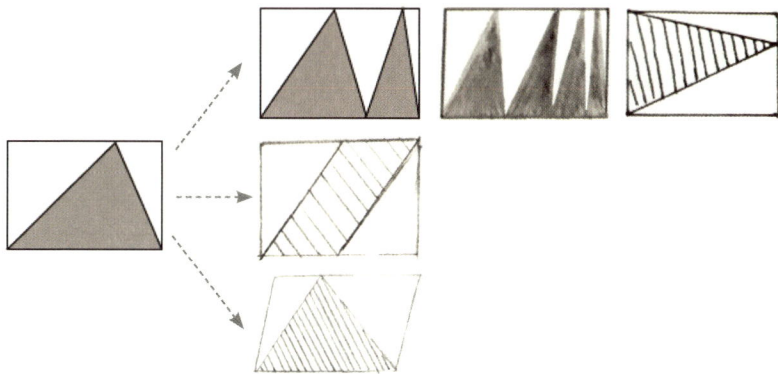

在活动中，教师还要适时鼓励学生，并对学生的提问及时小结，引导生生互评，给学生以新的启发和思考。

02 给予必要的支持和引导

在提出新问题的过程中，当学生出现不会提问、不能提炼改造条件时，教师应及时给予必要支持和有效引导。当学生能够提出有价值的问题时，教师也要及时鼓励学生。

学生出现的情况	教师的作用	教师的引导策略
不会提问	进行示范、启发和引导	① 解决问题。比如问：请你解决这个问题，再结合两图思考，还能提出什么问题？ ② 鼓励联想。比如问：你看到过类似的题目吗？ ③ 方法支持。比如说：学习图形知识时我们有很多的方法，如画图、转化等，你可以在图中画一画，或者让图形动起来，再试着提出问题。
不能提炼改造条件	引导学生改变观察角度	① 评价启发。比如问：他们是怎样提出新问题的？对你有什么启发？ ② 回顾引导。比如问：三角形是我们已经学过的图形，我们还学过哪些图形？ ③ 相关提示。比如问：他是通过改变内部图形的形状提出新问题的，还可以改变什么条件？又能提出什么问题呢？
提出了有价值的问题	及时鼓励小结，引导生生互评	① 反馈评价。比如问：大家能够从图形的其他特点来思考，进而提出问题，而且不只看到了涂色部分，还关注了空白部分。 ② 评价反思。比如问：大家认为这个问题好在哪？你是怎么想到这个问题的？

03 开展"改造条件引发新问题"活动的时间建议

上述案例中的活动大约需要 40 分钟，分为两个活动单元，其中活动一、活动二为第一个活动单元，活动三、活动四为第二个活动单元。教师需要根据问题情境的复杂性、学生的学习基础、实际课堂中学生的思维碰撞情况等，适当延长或缩短时间。

建议本活动在中、高年级开展，本案例是在五年级学习了"多边形的面积"这一单元后进行的。

当学生有了问题意识和提问能力后，建议拉长学生的思考过程。如果情境中可改造的条件较多，或学生提出了多个有价值的问题，鼓励学生共同探索，可以布置为长作业，也可以设计成系列活动，在解决问题的过程中再次打磨问题，提高提问能力。

16 提出逆向的问题

"提出逆向的问题"是指在解决完问题得到正确结论后，从结论入手，逆向思考提出的问题。这一活动可以帮助学生提升主动进行逆向分析的意识，并克服提问角度单一的困难。

下面以"围菜地中的问题"为例，阐述活动是如何开展的。

🎯 活动目标

会提出逆向的问题，丰富提问题的角度。

⌘ 活动流程

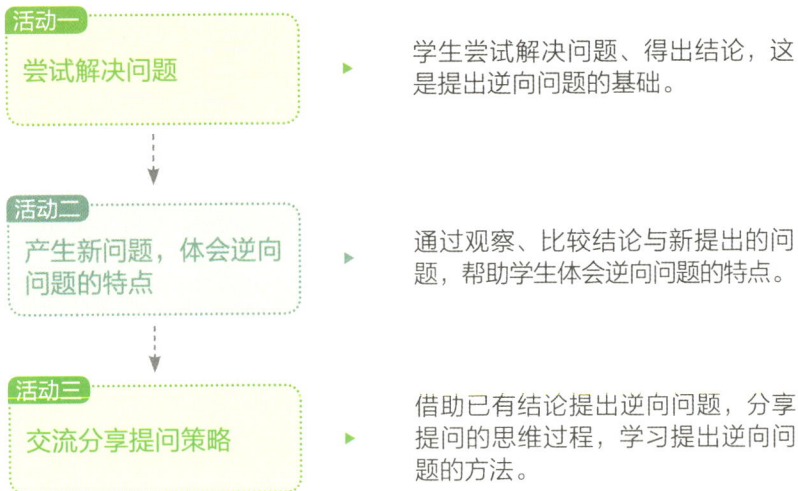

活动一
尝试解决问题　▶　学生尝试解决问题、得出结论，这是提出逆向问题的基础。

活动二
产生新问题，体会逆向问题的特点　▶　通过观察、比较结论与新提出的问题，帮助学生体会逆向问题的特点。

活动三
交流分享提问策略　▶　借助已有结论提出逆向问题，分享提问的思维过程，学习提出逆向问题的方法。

　　王老师出示了农家小院图（见右图），呈现了一个实际问题：乐乐的爸爸想用 20 米长的篱笆在这个小院里围一块长方形或正方形的菜地，乐乐对这件事特别感兴趣，他自告奋勇地要来当小设计师，很快就想出了下面这几种方案：

长（米）	宽（米）	篱笆长（米）	菜地面积（平方米）
9	1	20	9
8	2	20	16
7	3	20	21
6	4	20	24
5	5	20	25

　　王老师鼓励学生思考："乐乐的爸爸会选择哪种方案？说说你的理由。"学生通过观察表中的数据发现了一些规律，有了下面的想法：

生1　乐乐的爸爸肯定会选围成正方形的方案，因为这样围菜地的面积是最大的。

生2　都是用20米的篱笆去围，当然选面积最大的了，能多种些菜呀！

小贴士
　　解决问题、得出结论，是提出逆向问题的基础。

　　通过交流，学生在解决这个问题的同时也得出了一个结论：

周长一定的长方形中，正方形的面积最大。

王老师在此基础上提出了继续思考的问题："如果让你继续研究，你最想研究什么？"学生提出了很多自己感兴趣的问题。

生1 面积不变时，怎么围省篱笆呢？

生2 用同样长的篱笆去围，面积最大的一定是正方形吗？

生3 要是靠墙围菜地，也是围成正方形的面积最大吗？

生4 怎样能用最少的篱笆围出最大的面积？

......

对于学生提出的这些问题，王老师都给予了充分肯定。然后王老师把刚才围菜地活动中得到的结论和其中一个学生提出的问题放在了一起，继续提问："这个问题和刚才的结论有什么相同的地方？有什么不同的地方？"

结论：周长一定的长方形中，正方形的面积最大。

问题：用同样长的篱笆去围，面积最大的一定是正方形吗？

生1 它们都是用同样长的篱笆围，而且说的都是面积最大的事。

生2 原来的结论是告诉我们围成的正方形面积最大，而这个问题问的是面积最大的一定是正方形吗？我觉得倒过来了。

💡 策略吧

通过比较，体会逆向问题的特点。

在学生发现了问题与结论之间的关系以后，王老师总结道："正如同学们说的，问题和结论说的都是用同样长的篱笆围一个面积最大的图形，从刚才的结论入手，逆着思考提出的问题，叫作逆向问题。"

在学生初步知道了逆向问题的特点后，王老师又给出了在平时学习过程中得到的一些结论并提出了新的挑战："你们能根据下面的这些结论提出逆向问题吗？请你试着写一写，在小组内说一说。"

结论	逆向问题
被除数和除数同时乘或除以一个相同的数（0除外），商不变。	
三角形内角和是180°。	

学生尝试提出逆向问题并记录下来：

结论	逆向问题
被除数和除数同时乘或除以一个相同的数（0除外），商不变。	要使商不变，被除数和除数必须同时乘或除以一个相同的数（0除外）吗？
三角形内角和是180°。	内角和是180°的一定是三角形吗？

在学生提出逆向问题后，王老师引导大家交流分享提出逆向问题的经验。

生1　我觉得我们提出的逆向问题和结论是在同一个背景下的。

生2　我提逆向问题的经验就是对结论提出质疑，比如：三角形内角和是180°，提出质疑就是内角和是180°的就一定是三角形吗？

🔆 策略吧

　　分享提出逆向问题的经验，掌握提出逆向问题的方法。

生3　我觉得在提逆向问题时，就是把原来的条件和结果倒过来。

请选择一个你感兴趣的问题，尝试去解决它。

🔄 策略回顾

01 从结论入手体会逆向问题的特点，掌握提出逆向问题的方法

课堂教学中，结合具体的问题情境，首先让学生解决问题，得出结论，这是提出逆向问题的基础。得到结论后，鼓励学生发现和提出新的问题，唤起学生进一步研究的欲望，并借助学生提出的问题组成"题组"，通过对结论与新问题的辨析、交流，明晰逆向问题的特点；在此基础上，出示已有的结论，让学生尝试提出逆向问题，分享提出逆向问题的经验，从而掌握提出逆向问题的方法。整个活动过程的设计层层推进，不仅让学生知道了可以从结论入手提出问题，以及如何提出逆向问题，丰富了学生提问题的思考角度，还让学生真切地感受到一个问题的解决可能就是新的思考的开始。

02 给予必要的支持和引导

在提出逆向问题的过程中，学生可能出现感受不到逆向问题的特点、提不出逆向问题的情况，这时，需要教师及时给予必要支持和有效引导。当学生能够提出有价值的逆向问题时，教师鼓励学生分享问题产生的思维过程。

学生出现的情况	教师的作用	教师的引导策略
感受不到逆向问题的特点	以"题组"形式呈现，在辨析中明晰特点	① 题组形式呈现，进行比较。比如问：这个问题和刚才的结论有什么相同的地方？有什么不同的地方？ ② 从学生的交流中提炼逆向问题的特点，告诉学生什么是逆向问题。
提不出逆向问题	启迪学生思维，示范引导	① 提示角度。比如问：结论的前提和结果是什么？如果逆过来会是什么样？ ② 示范引导。教师可以自己给出提问示范或请学生给出提问示范。
提出有价值的逆向问题	引导学生分享提出逆向问题的经验	促进反思。比如问：他是怎么提出这个逆向问题的？

03 开展"提出逆向的问题"活动的时间建议

"提出逆向的问题"活动的时间可由教师灵活掌握。上述案例是学生初次接触提出逆向的问题，用时 40 分钟。

"提出逆向的问题"活动在三年级至六年级都可以开展，活动中创设的情境可以与所学习的内容有机结合。

17 提出相反的问题

"提出相反的问题"是从原问题出发，提出与其相反的问题。提出相反问题的活动可以帮助学生克服提问角度单一、思路不开阔的问题。

下面以"七巧板拼摆中的问题"为例，阐述这个活动是如何开展的。

🎯 活动目标

掌握提出相反的问题的方法，会提出相反的问题，从而丰富提问题的策略。

🔗 活动流程

活动一	
玩（拼摆）中产生问题	▶ 在自由拼摆的过程中，感受图形的关系，产生疑问和思考。

↓

活动二	
对问题进行分组整理、讨论，提炼策略	▶ 把问题分组，再对其进行观察，掌握抓关键词提相反问题的策略。

↓

活动三	
再提问题，巩固习得的策略	▶ 应用习得的策略，提出新问题及其相反问题。

活动设计

活动一 玩（拼摆）中产生问题

一上课，付老师就出示了常见的益智玩具——七巧板，并告诉学生："这节课，我们试着用七巧板拼摆生活中常见的图形，拼完后看一看，哪些是学过的图形。"听到要求，学生马上动手，用自己手中的七巧板拼出了各种常见的图形。（见下图）

> **小贴士**
>
> 自由拼摆，可以激发学生的学习兴趣，为问题的生发提供素材。

看到学生拼出的图形，付老师引导大家把目光聚焦到拼摆出的形状相同的图形——三角形上，并说："同样是拼三角形，你发现它们有什么不同？如果让你继续拼三角形，你想研究什么问题？"面对老师的提示，学生提出了自己的问题。（见下图）

图形	我的问题
	1. 拼一个最大三角形用几块板？ 2. 哪块板一定能拼成三角形？ 3. 最多用几块板能拼出三角形？ 4. 最少用几块板能拼出三角形？ 5. 拼一个最小的三角形用几块板？ 6. 哪块板不能拼成三角形？ 7. 要是把正方形去掉，还能拼成三角形吗？ ……

在学生观察、思考，提出自己的问题后，付老师重点提炼出一组问题：

> 问题 1：最多用几块板能拼出三角形？
>
> 问题 2：最少用几块板能拼出三角形？

付老师带领大家思考："仔细观察这两个问题，知道为什么把它们放在一起吗？"

生 1　它们说的都是三角形的事。

生 2　它们都是在研究用几块板拼三角形的问题。

学生发现这两个问题说的是同一件事，都是在研究用几块板去拼三角形的问题。在这个基础上，付老师引领学生继续思考下去："它们有什么不同的地方吗？"

生　　我觉得不同的是：一个问最多用几块，一个问最少用几块。

在这个基础上，付老师让学生去找与刚才提出的问题相反的问题。学生分组研讨后交流展示自己找到的意思相反的问题：

> 1. 哪块板一定能拼成三角形？
> 2. 哪块板不能拼成三角形？

> 1. 拼一个最大的三角形用几块板？
> 2. 拼一个最小的三角形用几块板？

......

面对学生的分组整理，付老师适时引导："你怎么知道这些是相反的问题？"

生1　说的是一件事，找反义词："多和少""大和小""上和下"……

生2　还可以找否定的词——不。人家说能，你可以说不能。人家说可以，你说不可以。

策略吧
适时引导，明确提出相反的问题可以从反义词和否定词入手。

活动三 再提问题，巩固习得的策略

师　两个问题说的都是拼三角形的事，一个问"最多用几块"，一个问"最少用几块"，多和少的意思是相反的，这样就提出了两个意思相反的问题。

明确提出相反的问题可以从反义词和否定词入手之后，付老师又提出新的要求："再观察黑板上大家拼摆出的图形，你们能提出新的问题以及它的相反问题吗？"

生1　我的问题"用七巧板拼出的三角形，哪个最大？"变成相反的问题是"用七巧板拼出的三角形，哪个最小？"。

生2　我的问题"拼一个正方形最少用几块板？"，变成相反的问题就是"拼一个正方形最多用几块板？"。

生3　我的问题"哪些图形能拼成长方形？"，变成相反的问题是"哪些图形不能拼成长方形？"。

生4　你的问题还可以变成"哪些图形能分成长方形？"，拼和分的意思也是相反的。

师　提出一个问题的相反问题，可以用具有相反意思的词，也可以用否定词。一个问题的相反问题有时是不同的。

小贴士
引导学生试着把同一个问题用不同的策略变成意思相反的问题，可以拓展学生提相反问题的思路。

请选择一组你感兴趣的问题和它的相反问题，试着去解决它们。

策略回顾

01 抓关键词提出相反的问题

对于相反的问题以及如何提相反的问题，学生头脑中并没有清晰的认识，因此，本节课通过抓关键词让学生清楚什么样的问题是相反的问题，并掌握提相反的问题的策略。

比如案例中的活动二把问题分组呈现，使学生知道抓关键词（反义词、否定词）就能提出意思相反的问题。活动三，引导学生用习得的方法，再观察图形，提出新的问题和它的相反问题，巩固抓关键词提相反的问题的策略。活动过程的设计层层递进，引导学生在初识—巩固—运用的过程中，掌握抓关键词、用关键词提相反的问题的策略，帮助学生解决提问角度单一、思路不开阔的问题。

02 给予必要的支撑和引导

在活动过程中，学生会出现无意识提出相反的问题和不知道怎么提相反的问题的情况，教师可以参与学生的活动，进行必要的引导。当学生能够提出有价值的相反的问题时，教师要给予恰当的评价，鼓励学生分享提出相反的问题的思维过程。

学生出现的情况	教师的作用	教师的引导策略
无意识地提出相反的问题	分组呈现，引领辨析，明确相反的问题的特点	① 分组呈现。比如问：仔细观察这两个问题，你们知道老师为什么把它们放在一起吗？观察这组问题，发现它们有什么相同的地方，有什么不同的地方？ ② 围绕策略，启发提问。比如问：你怎么知道它们的意思是相反的？
不知道怎么提相反的问题	抓关键词，清晰提相反的问题的策略	① 提示分组。比如问：把自己认为意思相反的问题放在一起。 ② 提炼策略：抓反义词、否定词。比如问：你们是怎么知道这些问题是意思相反的问题的？如：大—小；不能—能；分—拼。
学生提出有价值的相反的问题	引导学生分享提相反的问题的过程，提炼策略	① 评价引领。比如问：这个想法与众不同，没有反义词，怎么也说是相反的问题呢？如：能 — 不能；分 — 拼。 ② 巩固运用。比如问：用这样的方法你能提出新的问题，并提出它的相反的问题吗？

03 开展"提相反的问题"活动的时间建议

"提相反的问题"活动的时间一般不固定，可长可短。如果把拼摆活动放在课上，时间就会长一些；如果把拼摆活动放在课下，时间就会短一些，但训练学生提出相反的问题时间就会长一些。我们可以根据学生的实际情况，适当调整活动的时间。上述活动用时 40 分钟，可分为两个活动单元进行。其中活动一和活动二为一个活动单元，用时 30 分钟；活动三为一个活动单元，用时 10 分钟。

"提相反的问题"对学生来说并不难，所以这一活动建议在二、三年级展开。随着年级的增高，我们也可以结合自己的教学内容，适当更换研究的素材（如正方体、汉诺塔、纸牌等），拓展问题的内容空间，训练学生提问题、提相反问题的能力。

18 问题接龙

"问题接龙"是从一个话题出发，把对这个话题产生的好奇、困惑变成问题提出，并在上一个问题的基础上继续提出下一个问题，一个问题接一个问题，形成问题串。这一活动可以帮助学生克服持续思考的意识不强、缺乏系统思考和不能深入想下去的困难。

下面以"围绕A4纸的问题接龙"为例，阐述这个活动是如何开展的。

🎯 活动目标

增强持续思考的意识，学习深入思考、不断提出新问题的方法，丰富提问的策略。

🔄 活动流程

活动一
讨论并约定"问题接龙"的游戏规则 ▶ 和学生约定游戏规则，明确提出问题的要求，这是开展游戏的基础。

活动二
热身"接龙"，熟悉规则 ▶ 通过热身活动，帮助学生熟悉游戏规则，初步感受深入思考下去并提问的思维过程。

活动三
以小组为单位，进行"问题接龙" ▶ 为每一个学生提供参与游戏的机会，经历深入思考提出问题的过程。

活动四
分享提问的过程，提炼提问策略 ▶ 组织学生分享提问的思维过程，有助于学生学习提问策略。

活动设计

讨论并约定"问题接龙"的游戏规则

　　高老师和学生围绕着A4纸展开了提问活动，学生从不同的角度提出了很多问题。(见右图)看着学生提出的问题，高老师说："下面我们做一个游戏，从'A4纸的长和宽分别是多少?'这个问题开始，一直深入地想下去，让问题接龙。我们先试着讨论一下游戏规则吧。"

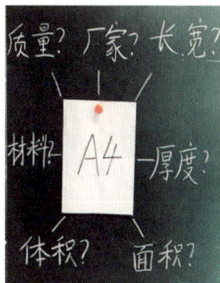

生1　提出的问题必须与长、宽有关系。

生2　不仅要和长、宽有关系，下一个问题也要与上一个问题有关系。

生3　应该是在上一个问题的基础上继续提出的。

生4　问题要合理，不能重复。

💡**策略吧**

　　和学生讨论并约定游戏规则，有助于聚合学生的思维，明确提问方向。

　　高老师对学生提出的建议进行了梳理，形成了下面的游戏规则。

游戏规则	游戏用具
从给出的话题开始，一个问题接着一个问题，下一个问题要在上一个问题的基础上提出，应包含上一个问题中的关键字、词，或与上一个问题相关。符合规则视为接上，如重复或与上一个问题无关视为失败。	 参与游戏的同学或邀请其他同学判断提出的问题是否符合要求。

📎**小贴士**

　　准备一些游戏用具，增强游戏的趣味性和学生的参与感。

> 从"A4纸的长和宽"深入地想下去，你能想到什么问题？根据游戏规则，判断接出的问题是否通过，出示手中的对错牌。

师　我提的问题是"长是宽的几倍？"。

生1　我接"宽是长的百分之几？"。

生2　我接"长与宽的比是多少？"。

高老师看到学生基本熟悉了游戏规则，但提出的问题比较相似，就暂停了游戏，引导学生回头看这三个问题，发现它们都是围绕长、宽的关系，基于以往学过的倍、百分数、比的知识提出的。如何能使提问继续深入呢？

💡 策略吧

　　教师也可以参与到接龙活动中，做示范，解困境。

活动三　以小组为单位，进行"问题接龙"

高老师呈现了三种规格的复印纸（见下图），说："每个小组都有三张不同型号的纸：A3、A4、A5，看一看、比一比，又想到了什么？把问题接下去。"

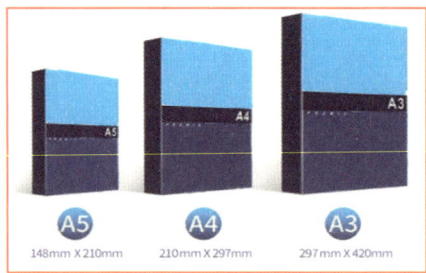

💡 策略吧

　　当学生接出的问题出现重复、不能深入时，可以给出必要的支持。

以小组为单位，组内轮流提问接龙，一人接，其他人评判，把过关的问题记录在纸条上，并按提出的顺序编号。

小组活动后，一个小组将组员提出的问题展示出来，形成了下面的"问题接龙"。

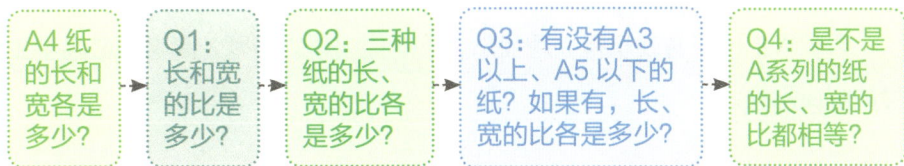

A4 纸的长和宽各是多少？ → Q1：长和宽的比是多少？ → Q2：三种纸的长、宽的比各是多少？ → Q3：有没有A3以上、A5以下的纸？如果有，长、宽的比各是多少？ → Q4：是不是A系列的纸的长、宽的比都相等？

活动四 分享提问的过程，提炼提问策略

针对学生提出的问题，高老师引导大家交流分享："请提出这些问题的同学和我们分享一下，你是怎么想到这个问题的？"

生1 把A3、A4 和A5 的纸放在一起比较，发现它们的大小都不同，就想到了"长和宽的比是多少？"这个问题。

生2 我看到了这三种型号的纸，联想到会不会有更多A系列的纸，所以……

生3 根据上一个问题，我猜如果把A系列不同型号纸的长、宽的比都算出来的话，会不会都相等呢？

🔆 **策略吧**
要适时引导学生分享提出问题的思维过程，提炼提问策略。

师 听了其他同学分享自己提出问题的过程，你受到什么启发？有什么收获？

生4 可以比较两个事物提出问题，可以联想更多的情况，还可以考虑所有的情况。

📎 **小贴士**
展示接龙相邻问题的联系，也有助于学生理解问题是如何变得深入的。

在此基础上，问题接龙继续进行。

> **接出的新问题**
>
> 1. Ax 的面积是不是 $A(x-1)$ 的 $\frac{1}{2}$？
> 2. $A3$ 长是 $A4$ 宽的 2 倍，但 $A4$ 长却不是 $A5$ 宽的 2 倍，是不是四舍五入了？
> 3. 有没有 B 系列的纸，它们的长、宽比与 A 系列一样吗？

看着学生接龙游戏玩得兴趣盎然，不断提出新的问题，高老师鼓励学生尝试解决问题。

> 从今天提出的问题中选择一个你感兴趣的问题，尝试研究解决。

🔄 策略回顾

01 创设多种形式的接龙活动

"问题接龙"的形式是多样的，可以根据实际需要进行选择。

"纯问题"接龙	"提问—解答"式接龙
"纯问题"接龙，就是一个问题接着一个问题不断地问下去，形成问题串。 "纯问题"接龙过程中，学生只提出问题，不解答问题。上面案例就是"纯问题"接龙。	"提问—解答"式接龙，就是根据话题，第一个学生提出问题，第二个学生解答，第三个学生在解答问题的基础上继续提出问题，第四个学生解答……。还可以在解答的基础上增加评价问题环节，形成"提问—解答—评价"式接龙。

02 给予必要的支持和引导

在"问题接龙"的过程中，学生会出现问题重复或接不上来的情况，需要教师及时给予必要支持和有效引导。当学生能够接龙提出有价值的问题时，教师也要鼓励学生分享问题产生的思维过程。（见下表）

学生出现的情况	教师的作用	教师的引导策略
问题出现重复	引导学生转换提问角度	① 及时回头看。比如问：看看这几个问题说的是不是一件事？ ② 进行提示。比如问：换个角度想想，还能提出什么问题？
问题接不上来了	启迪学生思维，产生新想法	① 鼓励联想。比如问：想一想，你以前遇到过类似的情景吗？对你有启发吗？ ② 素材支持。比如：呈现相关的素材，启发学生进一步思考。 ③ 提示角度。比如问：看到这三种纸的形状，你有什么好奇吗？ ④ 参与示范。比如问：我来接一个问题，你们看看可不可以？这个问题我是这样想才得到的，对你们有启发吗？
当学生提出有价值的问题时	引导学生分享问题产生的思维过程，提炼提问的策略	① 积极评价。比如问：你们觉得这个问题对你们有启发吗？为什么？ ② 促进反思。比如问：你是怎么想到这个问题的？ ③ 巩固运用。比如问：用他刚才的方法，你还能想到什么问题？

03 开展"问题接龙"活动的时间建议

上述案例中的"问题接龙"活动用时 40 分钟，可以分为两个活动单元。其中活动一和活动二为一个单元，用时 20 分钟；活动三和活动四为一个单元，用时 20 分钟。因为"问题接龙"的形式多样，教师可根据活动目标和实际活动的设计来调整活动时间，也要根据活动中学生的实际情况减少或延长时间。

当学生熟悉"问题接龙"活动后，随时可以开展这一活动，也可以随时与数学内容的学习和应用结合起来。"问题接龙"活动在一年级至六年级都可以开展，上述案例中的活动就是在六年级开展的。教师可根据学生的认知基础和生活经验选择适当的话题。可以在低年级开展丰富提问角度、培养发散思维的接龙活动；在中、高年级开展系统思考，把问题深入想下去的接龙活动。

提倡拉长学生的思考过程，当学生提出一个大家感兴趣的问题后，鼓励学生共同探索尝试解决问题，甚至可以布置长作业，在解决问题的过程中再次打磨问题。

19 问题分享会

"问题分享会"是学生对提出的问题进行集体分享的活动，在分享、反思和评价问题的过程中，促使学生深入思考，提炼提出好问题[1]的方法。这一活动能够帮助学生克服缺乏深入思考，提出问题深度不够的困难。

下面以"分享'画圆'活动后的问题"为例，阐述这个活动是如何开展的。

◎ 活动目标

体会有思考价值的问题的特点，提炼总结提出问题的方法，把问题深入想下去。

活动流程

活动一 阅读并完善问题，为投票选出好问题"热身"	交流、修改问题，既鼓励学生思考如何清晰地表述问题，同时也为投票选出好问题奠定了基础。
活动二 填写"问题推荐单"，交流推荐理由	在交流推荐理由的过程中，学生通过思考与比较，体会好问题的特点。
活动三 分享交流，提炼提问方法	追寻提问的思维过程，鼓励学生反思提出问题的过程，梳理提出好问题的方法。
活动四 应用提问方法，把问题一直想下去	结合前面的原始问题，应用梳理出的提问方法使学生继续想下去，经历深入思考的过程，积累提问的经验。

---

① 这里的"提出好问题"，并不是对学生提出的问题进行简单评价、分出好坏，而是鼓励学生分享问题和思考过程，促进学生积累提问的经验，开展持续深入思考。

在"问题分享会"之前，束老师组织班里的学生开展了画圆的活动并让学生提问。上课时，束老师呈现给学生一份问题整理单，说："之前，我们借助不同的方法画圆并提出了很多关于圆的问题，老师筛选了下面 14 个问题，现在请你们先读一读这些问题，看看有没有读不懂的问题。"

1	除了圆规之外，还有其他工具可以画圆吗？	8	π 的前 100 位是多少？
2	为什么到目前学的知识为止，只有圆有心，而其他图形没有呢？	9	为什么用直尺也能画圆？是怎么画出来的？
3	是谁研究出圆周率的？	10	为什么圆切开后拉长就是若干个三角形，且上半圆和下半圆拼在一起可拼成一个长方形？
4	在画圆的时候，我发现分的份数越多，画的圆越圆，为什么？	11	我们学过很多有棱角的图形的面积，那么圆的面积怎么求？
5	多边形≈圆？	12	圆在现实生活中重要吗？为什么？没有圆会怎样？
6	圆是由哪些部分组成的？	13	正方形、长方形是四边形，三角形是三边形，那么圆是几边形？
7	为什么球任意切下一刀后都是圆？	14	为什么水波是圆的？

生1 "在画圆的时候，我发现分的份数越多，画的圆越圆，为什么？"这个问题我没读懂。

生2 我想问：在画圆时，从正四边形画到正六边形，再画到正八边形，都从中心点开始分，将图形平均分成了若干份，这个图形被平均分的份数越多，就越接近圆，这是为什么？

策略吧

当学生对问题表述存在困难，表述不清时，教师可给予引导或示范。

小贴士

学生在把问题表述得简单易懂的同时，也是在对问题进行深入思考。

师　　　其实这个同学想问：为什么正多边形的边数越多，越接近圆。

在学生明确如何清楚地表述问题后，束老师请学生对其他表述不清的问题进行修改。（见下图）

修改前	提问意图	修改后
多边形≈圆？	在画圆时我开始试着用直尺画，但没成功，只是画出了像圆的多边形，如果多画些边是不是就更像圆了？	如果正多边形的边数越来越多，是不是就接近圆了呢？
为什么把圆切开后拉长就是若干个三角形，且上半圆和下半圆拼在一起就可以拼成一个长方形？	我听说过推导计算圆面积的方法，可是圆不像长方形一样有棱角，能拼成长方形吗？	把圆平均分成若干份后能不能拼成长方形？如果可以的话，这个长方形的面积是不是就是圆的面积呢？

活动二 填写"问题推荐单"，交流推荐理由

在学生读懂每个问题，并将表述不清的问题修改完善后，束老师带领学生开始了"投票选出好问题"的活动。

师　以小组为单位选出 3 个大家最欣赏的问题，填写问题推荐单并说明理由。（见右图）

问题推荐单

推荐问题	推荐理由
1.	
2.	
3.	

小贴士

为学生投票准备相应的工具，如小磁扣，保证投票活动快捷进行，投票结果一目了然。

在小组热烈讨论和交流后，每个组派代表将手中的小磁扣贴在黑板上自己小组欣赏的问题前面，并填写问题推荐单。各组完成了投票后，束老师开始组织学生交流推荐理由。

第一名：

把圆平均分成若干份后能不能拼成长方形？如果可以的话，这个长方形的面积是不是圆的面积呢？

组1　通过对这个问题的研究，我们可能会找到圆和其他图形的**联系**。

组2　圆不像长方形那样有棱、有角，我也很**好奇**它到底能不能拼成长方形呢？

组3　听说圆的面积公式就是这么推导来的，所以我想知道是**不是**这样。

> **💡策略吧**
>
> 在学生交流推荐理由的过程中，适时总结出关键词，为提炼提问方法做准备。

在交流完获得第一名的问题的推荐理由后，有的学生受到这个问题的启发，又想到了另一个问题："把圆平均分成若干份后能拼成正方形吗？"

接着，束老师一边在问题推荐单上圈画一边说："好问题源于好奇，好奇能够帮助我们找到知识间的'联系'，还能够带给我们很多'启发'。"

第二名：

正方形、长方形是四边形，三角形是三边形，那么圆是几边形？

组1　这个问题和其他问题联系比较多，比如第4个和第5个问题，都是研究"边"的问题。通过研究这个问题，我们可能会解决另外两个问题。

组2　我觉得这个问题很有意思，既有可能是"一边形"，也有可能是"无数边形"吧。

第三名：

> 为什么到目前学的知识为止，只有圆有心，而其他图形没有呢？

组1　我们以前学过的图形都没有研究过"心"的问题，而圆有心，我觉得特别有意思。

师　　有些好问题能够引起大家的"兴趣"，有些好问题的答案可能是"开放"的，还有些好问题"整合"了一类问题。

活动三　分享交流，提炼提问方法

在学生交流了推荐理由之后，束老师请大家反思："结合刚才的推荐理由，请同学们想一想，我们选出的这些好问题是怎样产生的？下面我们来听听提问者是怎样想的。"

生1　平行四边形可以转化成长方形推导面积，圆应该也可以像平行四边形那样推导出面积计算公式吧。

生2　我知道圆有圆心，其他图形会不会也有这样的"心"呢，但好像又不太可能。

生3　以前学习长方形、正方形、三角形时，都研究了它们的边，这让我联想到了圆的边。

💡 **策略吧**

分享提出好问题的过程，可以帮助学生提炼出提问的策略，为学生深入想下去提供思考的角度和方法。

随着学生的交流，束老师将一些提出好问题的方法写在黑板上，并引导学生回头看，发现借助知识间的联系，进行类比、联想、猜测……，都是帮助学生深入思考、提问题的好方法。

束老师发现还有一些问题的答案虽然比较容易得到，但是得票数也很高，于是说：“‘圆是由哪些部分组成的?’这个问题不是挺好回答的吗？为什么得票数也挺高？”

> **小贴士**
> 问题具有探索性、启示意义、现实意义，有不同的解法，有再提问空间，简单易懂，能合作等都是学生感受到的好问题的特点。①

生 1　圆的这些组成部分一定和圆有关系，我还想知道它们和圆的周长、面积有什么关系。

生 2　我也很好奇，如果没有这些圆的组成部分，那么圆还能叫作圆吗?

活动四　应用提问方法，把问题一直想下去

通过刚才的交流，学生开拓了思路，感受到深入思考能够提出更多好问题。于是，束老师从问题单里选了一个类似的问题，请学生根据这个问题继续提问。

除了圆规之外，还有其他工具可以画圆吗?

直尺可以画圆吗？为什么？ → 为什么圆规可以画标准的圆？ → 用圆规画圆和比物画圆有什么区别和联系？ → 圆规和其他画圆方法的道理都是大同小异的吗？ → 这些画圆的方法不同，背后的道理一样吗？为什么？

> **策略吧**
> 开展问题接龙使学生深入思考，想到更多问题。

> **小贴士**
> 将好问题存入“问题银行”或写入“问题本”中，在后面单元知识的学习中逐一研究。

① 郑毓信. 数学思维与小学数学[M]. 南京：江苏教育出版社，2008：156–157.

问题接龙后，束老师请学生看第一个问题"直尺可以画圆吗？为什么？"，并说："课前有的同学认为直尺不能画圆，现在你们想不想试一试，解决这个问题？看看有什么发现，又能提出什么新问题。"学生纷纷拿出直尺，画了起来。问题解决后，学生又产生了新的思考，提出了新的问题。

生 1　直尺上的固定点与笔尖的距离，就相当于圆规的针尖与笔尖的距离。直尺上的刻度和圆的大小有关系吗？还有其他用直尺画圆的方法吗？

生 2　为什么像这样画出很多条长度一样的线段后，也能画出一个圆呢？

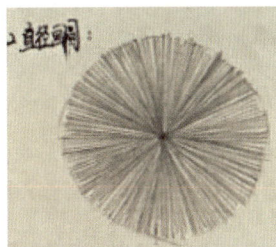

> 选择一个感兴趣的问题，在有关圆的单元的学习中尝试研究解决。

⟳ 策略回顾

01 借"问题分享会"，促学生深入思考

"问题分享会"并不是一个独立的活动内容，要想充分发挥它的作用，需要教师引导学生充分参与活动的全过程。活动全过程如下页图所示：

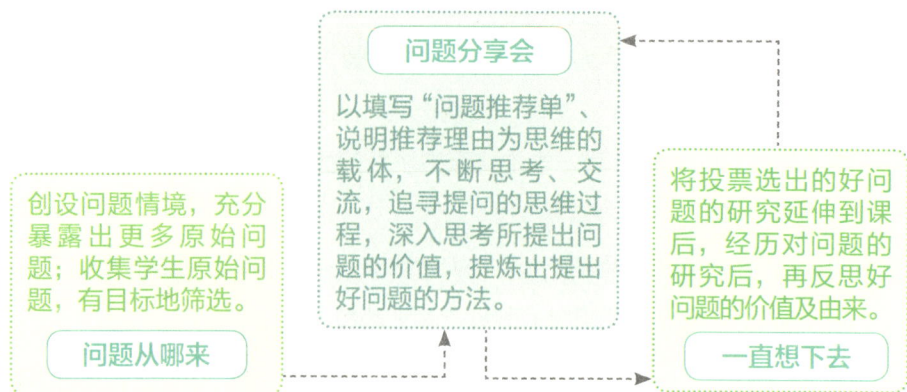

问题分享会

以填写"问题推荐单"、说明推荐理由为思维的载体，不断思考、交流，追寻提问的思维过程，深入思考所提出问题的价值，提炼出提出好问题的方法。

创设问题情境，充分暴露出更多原始问题；收集学生原始问题，有目标地筛选。

问题从哪来

将投票选出的好问题的研究延伸到课后，经历对问题的研究后，再反思好问题的价值及由来。

一直想下去

从上面的活动流程图可以看出，问题分享会是提问活动全过程中的一个中间环节，也是关键环节。它可以帮助学生唤醒原始提问中的经验，同时外显提问的思维过程，将个体的思考与同伴进行交流，产生思维碰撞，这有助于学生欣赏好问题，感受好问题的特点，了解好问题产生的过程，学习提问的方法和策略，积累深入思考、提出有深度问题的经验。学生带着积累的方法和经验一直想下去，对提出的好问题再次进行分享交流，由此进入了一个持续思考、提问、分享、再提问的良性循环状态。

02 给予必要的引导和支持

在"问题分享会"的活动过程中，学生会出现读不懂"原始问题"或提炼不出提问的方法等情况，这时需要教师适时给予必要支持和有效引导。

学生出现的情况	教师的作用	教师的引导策略
读不懂原始问题表达的意思	引导学生在辨析中简明表述问题	① 请提问者解释。 ② 教师示范讲解。比如说：他想问"为什么正多边形的边数越多，越接近圆？"。 ③ 学生互助。比如问：谁读懂了他的问题？谁能帮助他表述清楚？

学生出现的情况	教师的作用	教师的引导策略
学生自己提炼不出提问的方法	引导学生关注好问题产生的思维过程,提炼出提问方法	① 提示关键词。比如说:大家觉得这个问题可能会有不同的答案,看来这是一个比较"开放"的问题。 ② 引导反思。比如说:结合刚才的推荐理由,想一想我们选出的这些好问题可能是怎样产生的。 ③ 提炼方法。比如说:我们请提问者说说,他们是怎么想到这些问题的。
学生提出了好问题	引导学生进一步分享提问过程,把问题深入地想下去	① 总结关键词。比如说:请提问者说一说是怎样想到这个问题的;在问题推荐单上圈画出关键词。 ② 解决问题后再提问。比如说:你们想不想试一试解决这个问题? 看看有什么发现,又能提出什么新问题。

03 开展"问题分享会"活动的时间建议

"问题分享会"活动适用于已经具有一定提问能力和经验的学生,因此比较适合在三年级至六年级开展。上面案例中"问题分享会"是在六年级的学生中开展的,共用时 40 分钟,叫分为两个活动单元进行。其中,活动一和活动二为一个活动单元,用时 20 分钟;活动三和活动四为一个活动单元,用时 20 分钟。

带领学生初次体验问题分享会,需要完整经历案例中的四个活动过程,并为学生提供充足的思考、交流时间,因此要根据学生在活动中的实际情况灵活把握时间。也可以在单元总结时召开问题分享会,还可以随着学习的进程开展 15—20 分钟短时间的问题分享活动。

在围绕单元学习开展的问题分享会上,教师可以带领学生将投票选出的学生感兴趣的问题梳理成单元主题教学问题框架,通过数学学习的过程,使学生进一步体会提出好问题的价值,帮助学生养成深入思考的习惯;也可以针对学生感兴趣的问题,开展"天才一小时"或"周作业"等研究性学习,在研究的过程中鼓励继续发现、提出好问题。

后记

　　在"促进儿童提问的专项活动设计"的研究逐渐深入之际，我们将这几年中研究、实践的成果结集成册，与广大教育同人分享、交流。一个个鲜活的活动案例记录了课题组走过的曲折艰辛但又收获满满的研究之路。五年来，在张丹老师的引领下，课题组立足于儿童发现和提出问题的现状及发展需求，发挥集体的智慧，勇于实践、积极探索，开发有效提升学生数学提问力的活动。希望我们这些初步取得的成果，能给广大教师带来一些启发，引发更深入的思考，在"儿童学会发现和提出问题"的研究道路上，结出更加丰硕的成果。

　　不论是在提问活动的开发与实践的过程中，还是在本书所有案例的设计、撰写、修改、完善过程中，张丹老师都作为课题研究的"掌舵人"，既高屋建瓴地指引方向，又提出具体可行的改进建议，一次次思维的碰撞闪动着创新的火花，迸发出创作的灵感。提问活动的开发与设计是创新的过程，充满着挑战，在总课题组的策划下，众多志同道合的教育伙伴纷纷加入研究团队。他们是张晶老师带领的北京西城团队、孙佳威老师带领的北京朝阳团队、谢立新老师带领的北京延庆团队、张岭老师带领的北京石景山外语实验小学分校团队等。大家反复论证活动主题，精心设计活动任务，不断实践、反思、调整、改进，打磨出 19 个提问教学活动案例，希望能与同样致力于鼓励儿童发现和提出问题的教育伙伴们共同探讨，期待在交流中碰撞出更多思维的火花。

　　全书最后的统稿、修改工作由孙佳威、张晶老师共同完成。具体各章的作者如下。

前言

孙佳威（北京市朝阳区星河实验小学）

第一章

导语：孙佳威

《知道什么是问题》：赵海侠（北京市朝阳区教育研究中心附属小学）

《分析已有问题的形式》：马凯（北京市西城区奋斗小学）

《用疑问词提问》：肖新颖（清华大学附属小学商务中心区实验小学）

《好奇心是提问的基础》：张晶（北京市西城区师范学校附属小学）

《在熟悉的事物中产生认知冲突》：周轶玲（北京市西城区师范学校附属小学）

第二章

导语：孙佳威

《思维导图促提问》：张佳丽（北京市西城区师范学校附属小学）

《角色扮演提问》：谢立新（北京市延庆区教育科学研究中心）

《分类启发提问》：曹玉茹（北京市朝阳区陈经纶中学嘉铭分校）、肖新颖

《在比较中提问》：杨金雪（北京市延庆区永宁学校）

《从一个问题开始》：苏宝珠（北京市西城区师范学校附属小学）

第三章

导语：张晶（北京市西城区教育研修学院）

《从疑问到猜想》：张岭（北京市石景山外语实验小学分校）

《从归纳中提出猜想》：卫素霞（北京市延庆区第四小学）

《从类比中提出猜想》：郑晴（中国科学院附属实验学校）

《"what-if-not"提问》：陶蕴平（北京市西城区奋斗小学）

《改造条件引发新问题》：李茉（北京市石景山外语实验小学分校）

《提出逆向的问题》：王瑶（北京市朝阳区第二实验小学）

《提出相反的问题》：付春红（北京明远教育书院实验小学）

《问题接龙》：张晶（北京市西城区教育研修学院）、高辉（北京市西城区奋斗小学）

《问题分享会》：束艳（北京市西城区师范学校附属小学）

后记

张晶（北京市西城区教育研修学院）

在案例的研究和撰写过程中，除已呈现的作者外，各实验学校的课题负责人及实验教师也为实践和写作出谋划策，贡献智慧，在此一并表示感谢。特别感谢北京市西城区师范学校附属小学侯立红老师、刘蕴老师和北京市西城区奋斗小学刘征老师，分别在第一章和第三章呈现的活动的设计与实施中做出的尝试与努力。

最后，欢迎广大读者对本书提出宝贵的意见和建议。期待与志同道合的教育伙伴在鼓励儿童发现和提出问题的研究路上继续并肩前行，与儿童问题有最美的相遇！

张晶

出版人　李　东
责任编辑　代周阳　郑　莉
版式设计　锋尚设计　郝晓红
责任校对　白　媛
责任印制　叶小峰

图书在版编目（CIP）数据

　数学提问力：促进儿童提问的活动设计 / 孙佳威，
张晶主编 . — 北京：教育科学出版社，2021.8（2022.1重印）
　（问题引领数学学习丛书 / 张丹主编）
　ISBN 978-7-5191-2724-4

　Ⅰ . ①数…　Ⅱ . ①孙…②张…　Ⅲ . ①小学数学课—
课堂教学—教学研究　Ⅳ . ① G623.502

　中国版本图书馆 CIP 数据核字（2021）第 161094 号

问题引领数学学习丛书
数学提问力：促进儿童提问的活动设计
SHUXUE TIWENLI: CUJIN ERTONG TIWEN DE HUODONG SHEJI

出版发行	教育科学出版社		
社　　址	北京·朝阳区安慧北里安园甲 9 号	邮　　编	100101
总编室电话	010-64981290	编辑部电话	010-64989422
出版部电话	010-64989487	市场部电话	010-64989009
传　　真	010-64891796	网　　址	http://www.esph.com.cn
经　　销	各地新华书店		
制　　作	北京锋尚制版有限公司		
印　　刷	中煤（北京）印务有限公司		
开　　本	720 毫米 ×1020 毫米　1/16	版　　次	2021 年 8 月第 1 版
印　　张	10.75	印　　次	2022 年 1 月第 2 次印刷
字　　数	160 千	定　　价	48.00 元